JN051349

自立活動ハンドブック **2**

▶ 指 導 を 計 画 する

下山　直人

監修

筑波大学附属桐が丘特別支援学校・
自立活動研究会

編著

よく分かる！シリーズ
『自立活動ハンドブック』の刊行に当たって

　2020年8月、新型コロナウィルスの感染が全国的な広がりを見せる中、筑波大学附属桐が丘特別支援学校は、自立活動実践セミナーをオンラインで開催しました。初のオンライン研修には、例年の5倍近い参加者があり、改めて自立活動に関する学びの機会が求められていることを実感しました。

　ほとんどの教師は、自立活動の学びを経験することなく教壇に立ちます。教師の養成機関である大学でも、自立活動について十分に取り上げられているとは言えません。多くの教師は、学校現場で学ぶことになりますが、学びの手がかりとなる書籍などの情報も乏しい状況です。学びの機会が十分ではない結果として、オンライン研修に多くの期待が寄せられたのだと捉えています。

　一方、平成29・31年に改訂された特別支援学校の学習指導要領では、自立活動について実態把握から指導内容設定に至るプロセスを分かりやすく示す必要があるとして「指導すべき課題」という概念が導入されました。指導について戸惑いのある学校や教師が少なくない状況を反映したものと言えるでしょう。

　自立活動は、障害のある子供の自立と社会参加のため、我が国の特別支援教育において創造された指導領域です。子供が必要とする学びを創り出すため、教師の裁量が大きくなっていますが、それは教師にとって指導の難しさともなります。自立活動の指導の充実を考えるとき、改めて現場の視点から、指導に関する知見と実践を集約して、多くの方に届けなければならないと考え、本シリーズを企画しました。

　本シリーズは、障害のある子供と初めて向き合う教師にとって自立活動の案内書となることを目指しました。そのため、理論編では、指導の計画から実践までをていねいに説明することとしました。また、教師として経験を重ねた方が、異なるタイプの子供と出会ったときに指導の参考とすることができるように、多くの事例を掲載することとしました。

　本シリーズは3巻で構成します。第1巻は「指導すべき課題を導く」、第2巻は「指導を計画する」、第3巻は、「指導をよりよいものにする」をテーマとします。3巻とも、第1章理論編、第2章学校事例編、第3章実践事例編で構成します。

　第1章の理論編では、それぞれの巻のテーマについて詳述します。自立活動とはどんな指導なのか、指導計画や授業をどのように準備し実践するのか、そして、その実践をどのようにしてよりよいものとするのか解説します。

　第2章の学校事例編では、自立活動を学校としてどのように捉え、組織体制や指導のプロセスをどのように作っているか、各巻2校ずつ紹介します。自立活動の指導をよりよい

ものとするためには、学校として様々な取り組みが求められます。指導計画をどのような手順で作成するのか決めたり、研修を組織したりする必要があります。また、一人一人の子供に必要な指導の時間や場の調整もしなければなりません。各学校の取り組みをできるだけ具体的に紹介することにします。

　第3章の実践事例編は、子供の発達の程度を考慮して、特別支援学校で採用されている次の三つの教育課程に分けて事例を紹介します。

　　・各教科等に替えて自立活動を主として取り扱う教育課程

　　　　　　　　　　　　　（本書では「自立活動を主とする教育課程」という）

　　・知的障害特別支援学校の教育課程、各教科を知的障害特別支援学校の各教科に替えて

　　　取り扱う教育課程（本書では、「知的障害・知的障害代替の教育課程」という）

　　・小学校、中学校、高等学校と同じ各教科等か下の学年の各教科等を取り扱う教育課程

　　　　　　　　　　　　　　　　　（本書では「準ずる教育課程」という）

　特別支援学校では、こうした教育課程ごとに指導グループが編成されますので、それに対応して事例を示すことにより、読者が必要とする事例を参照しやすいのではないかと考えました。上記の教育課程の分け方に慣れていない方は、自立活動を主とする教育課程対象の子供は障害が重度で重複していること、知的障害・知的障害代替の教育課程対象の子供は共通に知的障害があること、準ずる教育課程対象の子供は肢体不自由や病弱の単一障害又は小・中・高等学校の在籍であることを目安に、必要とする事例を見つけてください。

　本書第2巻では、第1巻のテーマである「指導すべき課題を導く」を受けて個別の指導計画を作成し、実践に至る授業計画に落とし込むまでを詳述します。第2章と第3章の事例編では一連の過程を記述しますが、指導計画に焦点を当てています。

　実践事例は、全国で意欲的に自立活動の実践に取り組んでいる教師に執筆をお願いしました。その執筆者は、自立活動の指導の充実を願う校長先生、教育委員会・教育センターの先生方から御推薦をいただきました。執筆をいただいた皆様はもとより、御推薦の労をとっていただいた皆様に、心より感謝申し上げます。

　本書は、自立活動の指導の充実に向け、先導的役割を果たそうとする筑波大学附属桐が丘特別支援学校の教職員によって企画され、理論編及び多くの事例の執筆が行われました。目指すところは、本シリーズの完結ではなく、自立活動実践の継続的な交流と発展です。その実現を果たすべく、本書の発刊を機に一層の精進を重ねてまいります。

　本書が、自立活動を学び、実践を改善したいと願う皆さんに、少しでもお役に立てることを願っています。

　　　　　　　　　　　　　　　　　　　　　　　　　　　　　2021年12月

　　　　　　　　　　　　　　　　　　　　　シリーズ監修者　下山　直人

Contents

よく分かる！シリーズ 『自立活動ハンドブック』の刊行に当たって

第1章　理論編

第2章　学校事例編

第3章　実践事例編

第2節　知的障害・知的障害代替の教育課程

第**1**章

理 論 編

第1節

第1節 個別の指導計画について

　本シリーズ第1巻では、子供の実態から指導すべき課題を導く過程について、具体例を挙げながら詳しく紹介しました。第2巻第1章の理論編では、自立活動の指導を計画することについて解説します。

　本章第1節では、自立活動における個別の指導計画の作成の特徴や意義を紹介しながら、第1巻で取り上げた指導すべき課題を導くまでを要約します。その上で第2節では、指導すべき課題の解決を図るために、どのように指導を計画するのかについて、指導目標と指導内容の設定に焦点をあてて説明します。第3節では、個別の指導計画を自立活動の時間の指導や各教科等の指導の実践にどのようにつなげていくのか、つまり授業計画の作成について、子供の発達段階を考慮して紹介することにします。

❶ 個別の指導計画とは何か ....

（1）自立活動の指導に欠かせない個別の指導計画

　自立活動は、障害のある子供が自立に必要なことを学ぶために用意された教育内容です。

　障害によって生ずる、学習や生活面での困難を改善したり軽減したりする方法を、子供自身が身につける学習です。障害によって生ずる困難は一人一人違いますから、学ぶ内容も一人一人異なるものとなります。指導計画は個別にならざるを得ないのです。

　そこで、特別支援学校小学部・中学部学習指導要領（以下、「学習指導要領」という）では、次のように規定しています。

> 　自立活動の指導に当たっては、個々の児童又は生徒の障害の状態や特性及び心身の発達の段階等の的確な把握に基づき、指導すべき課題を明確にすることによって、指導目標及び指導内容を設定し、個別の指導計画を作成するものとする。
> （特別支援学校小学部・中学部学習指導要領第7章自立活動第3の1、下線筆者）

　このように「・・・個別の指導計画を作成するものとする」と義務規定になっていますが、前述したように一人一人の学ぶ内容が異なるのですから、当然のことと言えるでしょう。自立活動の指導には、個別の指導計画が欠かせないことを、しっかりと認識しましょう。

（2）個別の指導計画とはどんなものか

　個別の指導計画に決まった様式はありません。学校や学級で、それぞれ工夫して作成しています。

　自立活動の個別の指導計画については、冒頭で取り上げた学習指導要領の規定に、実態の把握→指導すべき課題の明確化→指導目標の設定→指導内容の設定、という手順が示されています。しかし、これらをどのように個別の指導計画の書式に入れ込むかについては、学校や学級による違いが見られます。

　第1巻で取り上げたように、実態の把握にしても、指導すべき課題の明確化に向けた整理にしても様々な方法があります。加えて指導目標や指導内容がありますから、どこまでを書面にするかといった点にも選択の余地があります。また、次項で取り上げる指導の全領域にわたる個別の指導計画との関係もありますので、自立活動の指導計画の様式は、学

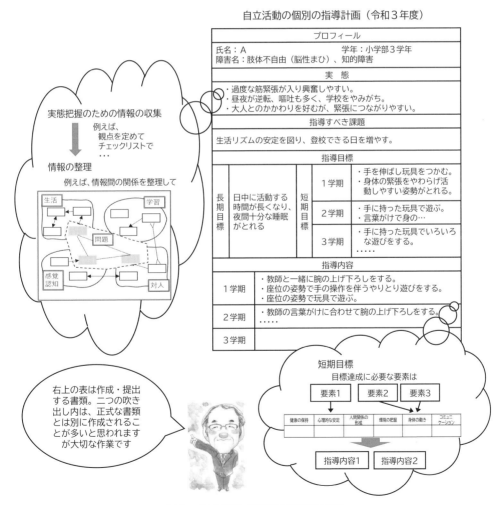

図1　自立活動の個別の指導計画例

校や学級ごとに異なると言っても過言ではないでしょう。地域によって、教育委員会が統一した様式を示しているところがあるという状況です。

本書では、一例を図1として示すこととします。この様式は、実態把握のための情報収集やそれらを整理するために、いろいろな取り組みをするものの、個別の指導計画に書き込むのは、それらの要点です。学校や学級によっては、図1の吹き出し内に示した検査の記録や情報整理の過程を個別の指導計画に組み込んだりするところもあります。

（3）いろいろな個別の指導計画

自立活動の指導においては欠くことのできない個別の指導計画ですが、個別の指導計画と言えば、自立活動のそれを指すかと言えばそうではありません。一口に個別の指導計画と言っても、いろいろなものがあり混乱を招くことがあります。

そもそも、学校には様々な指導計画があります。国語や算数などの年間指導計画、それらの単元指導計画、それを1時間の授業の計画にした学習指導案など教科ごとに作成される指導計画があります。そのほか道徳教育や総合的な学習の時間等については、小学校6年間、特別支援学校中学部3年間といった学校や学部単位で立てる指導計画もあります。学級経営案や生徒指導計画などもあります。教育課程も、学校全体の教育計画ですから、広い意味では指導計画と言ってよいものです。

個別の指導計画は、教育課程や各教科の指導計画等を受けて、一人一人の子供に必要な指導をどのように行うかを計画するものであり、自立活動以外の国語や算数等の各教科、学級経営等においても必要となるものです。特別支援学校では、自立活動のほかに各教科において個別の指導計画の作成が義務付けられています。それは、特別支援学校に在籍する子供の場合、各教科の何学年のどのような目標・内容を取り扱うのか、障害に応じてどのような配慮を行うのか、個別に計画する必要があるからです。

しばしば混乱しやすいのは、特別支援学校や特別支援学級においては、自立活動や各教科を含む指導の全領域にわたって一人一人の指導計画が作られ、これを「個別の指導計画」と呼んでいる場合が多いという事情によるものです。全領域にわたる一例を図2に示します。一方で、図1のような自立活動や教科ごとの個別の指導計画もあります。

個別の指導計画と言っても、A君の学校教育の全領域にわたる個別の指導計画、A君の自立活動における個別の指導計画、A君の国語の個別の指導計画等いろいろあります。全領域にわたる個別の指導計画には、自立活動や各教科が含まれることもあります。複数の学校から教師が集まって、「個別の指導計画」について話し合う際、ある教師は学校教育の全領域にわたる個別の指導計画を思い浮かべて話し、別な教師は自立活動の個別の指導計画を思い浮かべて話して、噛み合わないということが起こることになります。

「自立活動の個別の指導計画」「○○科の個別の指導計画」のような場合には、何を指しているか理解できますが、単に「個別の指導計画」という場合は、どのような個別の指導

プロフィール	氏名： 学年：

実　　態		全領域にわたる重点目標			
障害の状態					
生育歴		自立活動の指導すべき課題			
健　康					
人間関係		各教科等の指導計画			
感覚認知		各教科	目　標	内　容	手立て
運　動		自立活動			
意思交換		国　語			
各種検査		社　会			
学習状況		理　科			
		音　楽			
		図　工			
		体　育			
		……			

図2　全領域にわたる個別の指導計画の例

計画を指しているのかに気をつける必要があります。

（4）個別の指導計画と個別の教育支援計画の違い

　個別の指導計画と名称が似ているので混同しやすいのですが、障害のある子供の教育では、「個別の教育支援計画」という言葉もよく出てきます。

　「個別の指導計画」は、自立活動の前身である養護・訓練の頃から存在していました。一人一人の指導の中身が違うのですから、障害による困難を指導の対象としたときから必要となったわけです。それに対して、「個別の教育支援計画」は、特殊教育制度から特別支援教育制度に転換する際に登場してきたものです。特別支援教育制度は、平成19年に、学校教育法に特別支援教育が位置付けられ本格的にスタートします。特別支援教育においては、一人一人の教育的ニーズに応えることがその理念とされました。一人一人のニーズに応えるためには教育だけではなく、医療、福祉、労働等の関係者との連携が求められました。一人一人にどんなニーズがあるのかを明らかにし、本人・保護者と学校、関係者をつなぐために用意されたのが「個別の教育支援計画」です。

　学校において、自立活動や各教科等の教育を個別最適化するために用意されるのが「個別の指導計画」、本人の教育的ニーズを明らかにし、関係者をつないでよりよい支援を実現するのが「個別の教育支援計画」です。二つの計画の特徴を表1にまとめました。

表1　個別の指導計画と個別の教育支援計画の違い

	個別の指導計画	個別の教育支援計画
作成の目的	指導の個別最適化	関係者の連携による、よりよい支援
作成の対象	自立活動、各教科等、学校の教育活動	学校、家庭、関係機関の活動や支援
作成の内容	指導目標、指導内容、教材等	教育的ニーズ、支援の役割分担等
作成者	教師	学校が中心、本人・保護者、関係機関
作成の間隔*	概ね１年ごとの見直し	概ね３年ごとの見直し

＊作成の間隔については一例を示しています。

❷ 何のために個別の指導計画を作るのか

（１）一人一人の指導を最適化するために

　個別の指導計画を作成する最大の目的は、一人一人の指導をよりよいものとし、一人一人の成長を確かなものとすることです。一人一人に対する指導の最適化を図ることと言えるでしょう。

　自立活動の指導は、障害のある子供の学習や生活上の困難に着目し、困難の改善を図ることで学習や生活に取り組む土台を作るものです。困難さは一人一人異なり、困難さの原因や背景は、多くの場合複雑に絡みあっています。原因や背景が複雑に絡みあっているからこそ、長期にわたって困難さとして存在するわけです。

　そうした困難さを改善するための自立活動の指導は、一人一人の実態から指導すべき課題を導き、個別の指導計画を作成して行われるわけですが、容易に改善が図れるわけではありません。いったん作成した計画を実践してみて、指導の改善や計画の修正を繰り返していく以外に、子供が求める解決に近づく術はありません。個別の指導計画は、絶えざる修正過程の出発点になるものであり、指導を最適化するために欠かせないものなのです。

（２）指導をチームとして展開するために

　障害による困難は、学習や生活の多く場面で生じます。そこで、自立活動の指導は学校の教育活動全体を通じて行うことが必要です。指導に関わる教師全員が、子供の障害による困難と、その改善のための指導を知らなければなりません。

　個別の指導計画は、子供の指導を担当する教師が、連携をして効果的な指導を行うために役立つツールとなります。

（３）保護者との連携のために

　健康の保持に関する指導にしても、コミュニケーションに関する指導にしても学校で完結するものではありません。学校よりも長い時間を過ごす家庭での関わりが大変重要です。自立活動の指導は、保護者の協力を得て進める必要がありますし、保護者は自立活動の指導の成果を最も期待している人です。

保護者との連携を築くために、自立活動の指導について十分な理解を得ることが大切であり、そのために個別の指導計画を活用することができます。

（4）説明責任を果たすために

各教科や道徳科等の中身は、学習指導要領や教科書等を通じて広く国民に示されています。国民に委ねられて教育の内容に責任を負う政府が、委ねた国民に説明責任を果たしていると言ってよいでしょう。

では、自立活動についてはどうでしょうか。学習指導要領で示されているのは自立活動の目標と内容までで、内容は大くくりにしか示されていません。具体的に取り扱う内容は各教科のように示されていませんし、教科書もありません。一人一人異なる障害による困難に応じるのですから、大くくりにしか示しようがないのです。そうした事情はあっても、学校や教師には、どのような教育を行うのか関係者に説明をする責任があります。

一人一人の自立活動の指導の目標や内容が記載される個別の指導計画には、説明責任を果たす役割があります。説明の対象は、まずは直接の関係者である保護者となりますが、ほかから求められても、説明ができる準備をしておく必要があります。個別の指導計画は、公的に重要な書類としての性格があることを忘れないでください。

（5）カリキュラム・マネジメントのために

平成29・30年度に改訂された学習指導要領では、カリキュラム・マネジメントの重要性が指摘されています。カリキュラム・マネジメントとは、学校全体の教育計画である教育課程（カリキュラム）の編成、実施、評価、改善を組織的に進めること、また、そのための条件整備を行うことを意味しています。

教育課程を受けて作成された個別の指導計画の実践を評価し、教育課程を見直すことが求められます。仮に、教育課程でA君の自立活動の時間を週1時間確保したとしましょう。実践の結果として、週1時間では指導目標の達成が十分できないとしたら、指導時間をどのように生み出すか、学校全体で検討しなければなりません。週にもう1時間自立活動の時間を確保するとしたら、他の教科等をどう調整するか、教師をどのように配置するかなど様々な問題があります。子供に必要な指導を生み出すために、カリキュラムをどのように工夫していくか、まさにカリキュラム・マネジメントと言えるでしょう（図3）。

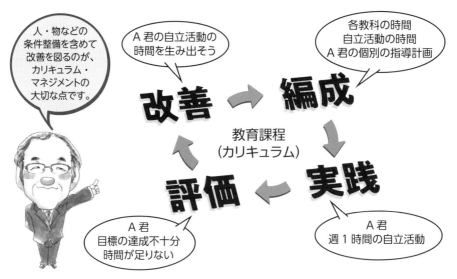

図3　個別の指導計画とカリキュラム・マネジメント

❸ 個別の指導計画の作成手順 ·································

（1）個別の指導計画から授業へ

　自立活動の個別の指導計画から授業での実践に至る過程は、図4のようになります。これらのうち、実態把握から指導すべき課題の設定については、第1巻で詳しく解説しました。

　第2巻では、個別の指導計画作成の後半に当たる指導目標と指導内容の設定、それに続く授業計画について取り上げていきます。本題に入る前に、第1巻で取り上げた「実態把握」と「指導すべき課題の設定」について、簡単にまとめておくことにしましょう。

（2）実態把握

①　障害による困難の背景　－氷山モデル－

　自立活動は、一人一人の障害によって生じる学習や生活面での困難を、自らが改善する力を身につける学習です。そこで、まず、一人一人の障害による困難を明らかにしなければなりませんが、こうした子供の理解にせまる取り組みを「実態把握」と言います。しかし、障害による困難を把握することも、原因や背景を探る

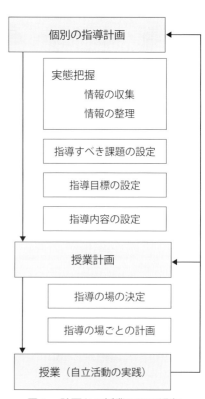

図4　計画から授業に至る過程

ことも簡単なことではありません。目に見える困難は捉えやすいのですが、子供自身さえ気づいていないことが学習や生活面の妨げになっていることがありますし、困難の原因や背景が複雑に絡んでいることもあります。

　障害による困難として見えるものはわずかで、見えない困難や困難の原因や背景として捉えにくい部分が大きいことを理解するには、海に浮かぶ氷山をイメージするとよいでしょう（図5）。海に浮かぶ部分（困難）を生じさせ、海に浮かぶ部分を支えている海面下の部分ははるかに大きいのですが、外からは見えません。外から見えている部分から、見えない部分がどうなっているのか推測していくしかありません。見えている障害による困難が、いつ、どのような状況で生じているのか、条件を変えても生じるのか、細かな観察から一歩を踏み出すしかないのです。

② 　情報の収集

　実態把握は、子供に関する「情報の収集」と、収集した「情報の整理」の二つの過程に分けることができます。収集した情報はそのままでは役に立たないことが多く、目的に応じて、必要なものを取り出したりまとめたりするなど整理する必要があります。収集した情報を整理することが、自立活動の指導すべき課題を導くことにつながっていきます。

　情報の収集には様々な方法があります。

　　1）観点を定めて情報を収集する
　　2）チェックリストを作成・活用する
　　3）心理検査を活用する
　　4）生活の広がりを把握する
　　5）過去の情報を調べる
　　6）専門家の情報を生かす

情報の収集に当たっては、何のための収集であるのか、目的を明確にし、収集の範囲や

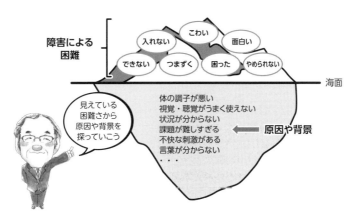

図5　障害による困難とその原因・背景（氷山モデル）

程度、方法等を考慮する必要があります。障害による困難を把握することが情報を収集する目的ですが、改善のための指導を考えていくためには、障害による困難だけでなく、本人が得意なことや興味・関心のあることなどを捉える必要もあります。また、遅れている領域だけでなく進んでいる領域も捉えるなど、多面的な情報収集が必要です。

　情報の収集に際し、指導を考える上で最も大切な視点は、子供に見られる行動が、条件を変えてみて、どのように生じるかということです。困った行動であれば、どのような場面でも見られるのか、頻度が少なくなる場面や環境はあるのか。一人でできないことであれば、どの程度援助すればできるようになるのか。こうした視点で、条件や環境を変えて行動を見ていくことが重要なのです。

③　情報の整理

　収集した情報を整理する目的は、障害による困難を改善するために「指導すべき課題」を明らかにすることです。様々な整理の方法がありますが、三つの方法を取り上げます。適宜組み合わせて整理に活用するとよいでしょう。

ア）6区分27項目を活用した整理

　収集した情報を、自立活動の内容である6区分に分類し評価することにより、多面的かつ深い子供理解を目指します。自立活動の内容である6区分27項目は、人間として基本的な行動を遂行するために必要な要素と、障害による困難を改善するために必要な要素から構成されています。

　この整理をすることによって、まず、6区分27項目の観点から、ほかに収集する情報はないか検討することになります。コミュニケーションに困難があると思われた子供について、6区分の一つである「人間関係の形成」の視点から見ると、そもそも人に対する関心が乏しいといった、原因が捉えられるかもしれません。

　また、この整理は、6区分27項目に込められた意味から分類された情報を評価することになります。「突然の音にびっくりする」ことは、人間の発達過程において通常見られる状態ですが、特別支援学校学習指導要領解説自立活動編（以下、「学習指導要領解説自立活動編」という）の記述を参考にすると、突然の音にびっくりするという反応は、聴覚の過敏さによることがあることに気づかされます。そうすると、「突然の音にびっくりする」場合には、音に対する対応を学ぶ必要があると評価できるかもしれません。

　この6区分27項目を活用した整理は、学習指導要領解説自立活動編で紹介されているのですが、同解説では、この整理に続けて「学習上又は生活上の困難さや、これまでの学習状況の視点からの整理」と「○○年後の姿の観点から整理」が紹介されています。6区分27項目を活用し、子供の全体像と一つ一つの情報の意味をつかんだ上で、困難さの視点や○○年後の観点から情報をまとめていく機能を提供していると言えるでしょう。

イ）情報間の関連を検討する整理

　収集した情報をカードに書き出し、情報間の関連を検討しながら、障害による困難の原因や背景を探っていきます。この方法は、問題が発生している実際の状況から様々な情報を収集し、それらをグループにしたり関係を見たりしながら、問題の構造を明らかにし、解決のアイディアにたどり着こうとするものです。子供の実態に関する多くの情報を整理し、指導すべき課題を考えていく過程に合った方法と言えるでしょう。

　この方法を行うに当たっては、まず、整理をする目的意識を明確にもつことが大切です。情報をカードに書き出し、その関係を見たからといって、障害による困難の原因・背景や指導すべき課題が自動的に導かれるわけではありません。原因・背景を探る、指導すべき課題を見つけるという、強い目的意識のもとにこの方法を用いる必要があります。

　また、この方法のよさは多様な見方を生かせる点にあります。複数の人が参加して、多くの情報を出しあい、経験や価値観の異なる見方で検討を進めるとよいでしょう。

④　ICF の考え方を活用した整理

　2001 年に世界保健機関（WHO）が提唱した、生活機能分類（ICF）の考え方を活用して収集した情報を整理する方法です。この方法では、ICF の概念図を使って、収集した情報の関係を捉えようとします。

　ICF 概念図では、「心身構造・身体構造」「活動」「参加」は相互に影響しあい、それに「環境因子」と「個人因子」が作用することが示されています。また、「活動」「参加」については、「能力」と「実行状況」を分けて捉えます。

　この方法の活用に当たっては、ICF の考え方をよく理解しなければなりません。活動や参加の能力や実行状況、それらに関連する環境因子や個人因子を捉えながら障害による困難の原因・背景、指導すべき課題を検討していくことが大切です。

　また、この方法にはチームで取り組むことが有効です。もともと ICF は、障害のある人の支援に関わるいろいろな職種の方の共通言語として作成されてきた経緯がありますから、医療や福祉関係の方から情報を得たり、専門的な助言を得たり、一緒に支援を考えていく際に有効なツールとなります。また、ICF の考え方を活用した整理で作成される図は、基本的に同じ枠組みとなるので、誰もが理解しやすく、共通理解や協議においても有効に機能することでしょう。

（3）指導すべき課題を導く

　障害による困難を中心に情報を収集し、そうした情報の整理を踏まえ、指導すべき課題を導いていきます。

①　指導すべき課題と思われるものを列挙する

　情報を整理する過程で、障害による困難の原因や背景が分かってきたら、それを改善するために何が必要かを検討します。子供が力をつけたり、慣れたりすることによって解決

するものもあれば、教師が配慮したり環境を調整したりして解決するものもあるでしょう。ここでは、あまり詳細な検討をするよりも必要と思われたものを挙げるようにします。

② 指導すべき課題間の関連を整理する

障害による困難を改善するために、複数の課題が挙げられることが多いことでしょう。それらの課題について重要度や優先度を検討し、どのような課題から取り上げていくか決める必要があります。そのために、指導すべき課題相互の関連を捉える必要があり、課題関連図などを作成しながら検討していきます。

③ 指導すべき課題を見直す

いったん導かれた指導すべき課題も仮説に過ぎません。指導すべき課題を設定した後は、指導目標を立て、具体的な指導内容を決めて実践することになりますが、実践がうまくいかないようであれば課題の見直しや優先順位の変更をためらうべきではありません。

最初から、障害による困難の改善につながる課題を設定できると考えるより、むしろ、見直しを重ねながら妥当な課題設定に近づいていくと捉えるべきでしょう。見直しながら、子供が真に必要とする課題にせまっていくと考えることにより、指導すべき課題の最初の設定が、楽にできることでしょう。

実態把握と指導すべき課題を導くことの詳細については、本シリーズ第1巻第1章をご覧ください。

（下山 直人）

【参考文献】
安藤隆男編著（2001）自立活動における個別の指導計画の理念と実践. 川島書店
下山直人編著（2011）新しい自立活動の実践ハンドブック. 全国心身障害児福祉財団
下山直人監修・全国特別支援学校知的障害教育校長会編著（2018）知的障害特別支援学校の自立活動の指導. ジアース教育新社
全国特別支援学校長会編著（2006）個別の教育支援計画 策定・実施・評価の実際. ジアース教育新社
文部科学省（2017）特別支援学校幼稚部教育要領　小学部・中学部学習指導要領.
　http://www.mext.go.jp/component/a_menu/education/micro_detail/__icsFiles/afieldfile/2018/05/23/1399950_2_1.pdf
文部科学省（2018）特別支援学校教育要領・学習指導要領解説自立活動編（幼稚部・小学部・中学部）.
　http://www.mext.go.jp/component/a_menu/education/micro_detail/__icsFiles/afieldfile/2018/05/23/1399950_5_1.pdf

第2節　指導の目標と内容の設定

　第2節では、一人一人の指導すべき課題を解決するために立案する個別の指導計画について、指導目標と指導内容の設定に焦点を当てて取り上げます。指導目標や指導内容とはどのようなものか、それらをどのような手順で検討していくのか、具体例を挙げながら述べていくことにします。

❶ 指導目標の設定

（1）指導目標とは

　指導目標には、「達成すべきこと」と「期間」が必要です。

　「達成すべきこと」は何でしょう。自立活動の指導で目指していることは、障害による困難の改善ですから、「達成すべきこと」は「障害による困難を改善する力を身につけること」です。

　具体例を挙げましょう。例えば、言葉によるコミュニケーションが難しい場合には、言葉の代わりとなる文字を書くことや機器の活用などができるようになるとよいでしょう。言葉によるコミュニケーションの代わりをしたり、不足を補ったりするために必要な知識や技能を身につけることが、達成すべきことです。

　では、知識や技能だけ獲得すればよいでしょうか。身についても使おうとしなければ宝の持ち腐れになってしまいます。ここで学習指導要領を紐解いてみましょう。学習指導要領に書かれている自立活動の目標には、障害による困難を主体的に改善・克服するために必要な「知識、技能、態度及び習慣を養い」と書かれています。知識・技能を身につけるだけでなく、態度や習慣も養うことを明確にしています。

　文字によるコミュニケーションや機器の活用の仕方を知っているだけでなく、進んで使おうとしたり困ったときには助けを求めたりする態度も大切です。また、必要なときにはいつでも使えるよう、筆記具や紙、機器を携帯するなど習慣化することも欠かせません。

　平成29・30年度に改訂された学習指導要領では、各教科の目標が知識・技能、思考力・判断力・表現力等、学びに向かう力・人間性等の3観点から整理されました。知っている、できるということだけでなく、実際の場面で使えることや未知の課題で活用できることが重視されています。自立活動の目標は、3観点から示されてはいませんが、知識・技能以

外に、態度や習慣といった視点も示されており、知っている、できるということだけでなく、身につけた力をどのように使うのか、その力を維持・向上させることについても留意しながら指導目標を設定していく必要があります。

指導目標においては、期間も重要です。学校教育である限り、1年、1学期、1か月、1単位時間等という指導の時間軸があります。いつまでに、何ができるようになるかという視点で考える必要があります。

（2）指導すべき課題と指導目標

指導すべき課題は、障害による困難を改善するために何を指導したらよいか、「指導の対象」を明らかにするものです。一方、指導目標は、指導すべき課題を実現するために、一定の期間に「達成すべきこと」を示したものです。この関係を図6に示しました。

指導すべき課題が解決されれば、困難さの改善につながります。一方、指導目標は、指導すべき課題につながる一定期間ごとのゴール（目標）です。ゴールとして、子供にも意識されるものでなくてはなりません。教師には、段階的な目標の達成を経て、指導すべき課題の解決が見通せなくてはなりませんが、子供には、当面のゴールが分かり意欲がもてることが重要なのです。例を挙げましょう。

重度の障害のあるA君は、昼夜逆転しがちで登校できないことが多い子供です。A君は、心身ともに過度な緊張状態にあることが多く、昼に疲労が蓄積して眠ってしまい、夜間の睡眠が十分とれません。その結果、朝起きられず、登校できない状態となります。A君の状態は、生活リズムが整えば改善しそうです。そこで、「生活リズムの安定を図る」ことが指導すべき課題として導かれました。そのA君の自立活動の指導目標は、3か月後に「手を伸ばし玩具をつかむ」、6か月後に「玩具を手に持って遊ぶ」、9か月後に「玩具を手に持っていろいろな遊びをする」と設定されました。A君には、分かりやすく意欲がもてる目標です。

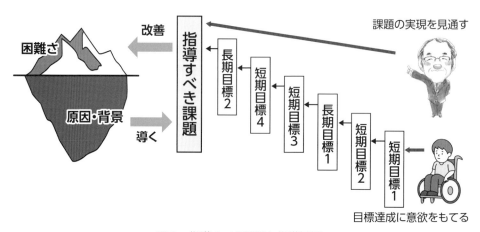

図6　指導すべき課題と指導目標

　一見、指導すべき課題と指導目標には何の関係もないように見えます。しかし、教師は、3か月、6か月後の目標を段階的に達成することによって、1年後に「日中に活動する時間が長くなり、夜間十分な睡眠がとれる」という目標の達成を見込んでいるのです。この目標であれば、「生活リズムの安定を図る」という指導すべき課題につながっていることが分かります。教師には、手を使う遊びが活発になれば、日中の活動時間が長くなり、夜間に睡眠がとれ、課題である生活リズムの安定に向かうという見通しがあるわけです。

（3）長期目標と短期目標

　長期目標をどのくらいの期間で設定するのかは、指導すべき課題によって異なります。課題によっては、1年位で達成を見込めるものもありますが、もう少し長い期間を必要とする場合もあります。コミュニケーション手段の獲得を目指すような場合には、長期の見通しが必要となるでしょう。

　長期間を見通して指導を進めるためには、短期目標を設定することが有効です。図6のように、短期目標を段階的に達成することによって、長期目標の達成にいたるように設計することが求められます。そうすることによって、達成可能なゴールを子供も教師も意識しながら、自立活動の学習を展開することが可能になるのです。

（4）目標設定の手順

①　指導すべき課題の分析

　指導すべき課題を実現するために、一定期間に何を達成していくか、それが指導目標になるわけですが、その指導目標を設定するためには、指導すべき課題を分析する必要があります。どのようなことが達成できれば課題が解決できるのか検討しなければなりません。

　原因の分析や問題解決の際によく行われる手法として「ロジックツリー」があります。

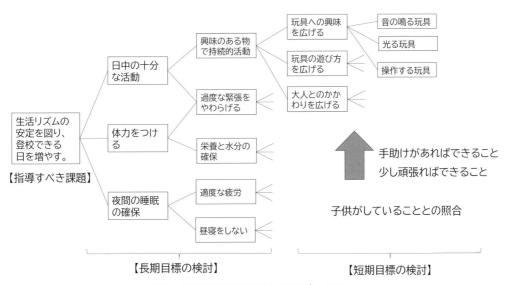

図7　指導目標設定に向けたロジックツリー

課題に含まれる要素を次々に書き出し、ツリー状にするものです。指導すべき課題の解決には、どのような要素が必要か、まず書き出してみましょう。

　図7は、生活リズムの安定を図ることが課題のA君について、課題解決に必要と思われる要素を書き出したものの一部です。生活リズムの安定に必要な要素としては、「日中の十分な活動」「体力をつける」「夜間の睡眠の確保」が挙げられました。日中に十分活動し、夜間の睡眠がとれれば生活リズムは整うはずです。

　次に、「日中の十分な活動」については、「興味のある物で持続的活動」と「過度な緊張をやわらげる」ことが挙げられました。興味が外に向かえば覚醒水準は上がりますが、興味のある物で活動することは心身の緊張にもつながり、疲労を蓄積することにもなります。過度な緊張をやわらげることも欠かせない要素です。

　このように課題達成に必要な要素の分析をどんどん進めていきます。

② 「手助けがあればできること」「少し頑張ればできること」を手掛かりに

　要素の分析をする過程で、子供の実態と照合します。ロジックツリーを作るのは要素分析自体が目的ではありませんから、子供の姿を思い浮かべながら、子供がその時点で実際にしていることと比較できるあたりまで進めます。そこで、子供が「手助けがあればできること」「少し頑張ればできること」を視点にしながら目標を設定していきます。

　A君は、玩具に興味があり、ときには異常な興奮をして過度な緊張をすることがありました。興味は示すものの緊張のせいもあって手が引けてしまい玩具に向かいませんでした。ただ、教師が過度な緊張をコントロールしてあげながら手を誘導すると、玩具に手を伸ばすことができました。玩具に興味があること、教師が援助すれば緊張をゆるめられることが目標設定に当たってのポイントになりました。

　A君については、「興味ある物で持続的に活動する」ことと「過度な緊張をやわらげる」ことの二つの目標の系列を考えることとし、教師の援助があればできることを短期目標としました。短期目標としては「玩具を手に持って遊ぶ」と「教師と一緒に体を動かすことに慣れる」としました。そして、1年後の状態まで見通し、「日中の活動時間が長くなり、夜間に十分な睡眠がとれる」を長期目標として設定することとしました。

（5）目標設定に当たっての留意点

① 子供にとって意味あること

　目標は、子供にとって意味のあることでなくてはいけません。

　教師が身につけさせたいと思うことであっても、子供にとって、取り組む必要があるとは思えなかったり、取り組むことが嫌だったりすることがあります。文字を書くことが苦手な子供に、すべての教科で大切だから文字を書く力の向上を図ろうとしても、取り組む理由や効果を実感できなければ、指導の効果は上がらないことでしょう。教師や大人にとっては意味があることであっても、子供が意味を見いだせないということが考えられます。

　子供にとって意味あることとは、子供が取り組む理由や価値が分かり、意欲的に取り組むことができるものです。文字を書くことで得られる機能のすべてに代わるものにはなりませんが、記録したり考えを伝えたりするためにはパソコンなどを活用する方法もあります。子供がそちらにやる気をみせたとしたら、少なくともその時点では、パソコンの活用が子供にとって意味のあるものなのです。

　障害の重い子供には、自分でやりたいとか嫌だとかを表出することが難しいことがしばしば見られます。しかし、その子供にとって意味のあることであれば、子供は関心を向け、反応を示すことでしょう。言葉で、取り組む理由や価値を表明できなくても、自分にとって取り組むだけのものを感じるから関心を向けるのではないでしょうか。

　自立活動は、障害による困難の改善を目指していますが、ともすれば、子供自身が困っていることではなく、周囲が困っていることに置き換わっていることがあります。例えば、頭を叩き続ける、大きな声を出すといったことは、周囲にとっては何とかなくなってほしい行動ですが、そうした行動自体は、子供もやむにやまれずにやっていることでなかなか止められません。子供にとっては、行うだけの意味のある行動なのです。行う理由があると言ってもよいでしょう。では、どうするか。子供が取り組むだけの、意味のある別の行動の獲得を目指す、ということになるでしょう。子供が自分の体以外の興味ある対象を見つけ、その対象への働きかけができるようになって、結果として、困った行動がなくなることが期待されるのです。

②　横方向への広がり、内容、人、空間、時間の広がり

　「目標」という言葉には、次の段階へのステップアップというイメージがあります。どうしても、その時点でできていることから一段高い目標を設定しがちです。子供の実態に「座位がとれる」という記述があれば、座位に十分習熟しているかどうかの吟味もよそに、次は「這う」ことを目標にしようと考えがちです。スモール・ステップという言葉がありますが、ここにも少しでも「上へ」という響きがあります。そんなに簡単にステップアップできないため、立てた目標に対する評価が難しいという結果になりがちです。

　ステップアップという縦方向を意識した目標設定に対し、図８のように横方向への広がりを意識した目標設定が検討されてよいでしょう。「座位がとれる」という現在の状態の習熟を目指し、いろいろな活動で安定して座位をとることが考えられるでしょう。Ａ先生と教室で（場所Ａ）で、日中（時Ａ）に、座位がとれる（内容Ａ）子供の場合、次の目標として、まず、Ｂ先生と場所Ａ、時Ａでも座位がとれることを目標にする。次には、Ｂ先生と場所を変えても座位がとれることを目標にする、その次には、Ｂ先生と時間帯を変えてみる、といったように知識・技能のレベルを変えずに、人、空間、時間を変えてもできることを目標にしていくのです。

　一人で食べることが難しい子供が、担任の教師の援助を受けて初期食（ペースト状の食

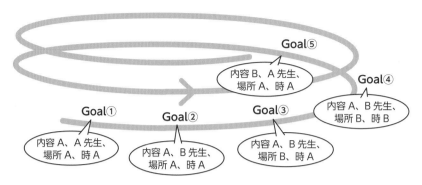

図8　横方向への広がりを重視した目標設定

事）を食べることができるようになってきたとしましょう。ある程度安定してきたら、次の段階として、より難しい食事にステップアップするという考え方もありますが、食べ物は同じ段階にとどめながら、対応する人、空間、時間帯を広げていくという目標設定も可能でしょう。担任の教師だけでなく、学級のほかの教師や隣の学級の教師とも食べられる、家庭や放課後のデイサービスでも食べられる、朝・昼・晩いつでも安定して食べられるように横方向を確かなものにしていくのです。

　同じレベルでの横方向と言いましたが、子供からみれば同じ力を発揮しているだけではないようです。座位の介助にしても食事の介助にしても、介助者が違えば子供もそれに合わせなければなりません。空間や時間帯の違いにも子供なりの対応が必要な部分があります。身につけた力を、いつでも発揮できるようにすることにより、自立や社会参加の可能性を広げることにもなります。知識・技能だけでなく、態度や習慣を養う視点でもあります。

③　評価を考慮すること

　指導目標は、一定の期間で、子供が達成すべきこと（知識・技能、態度、習慣）です。一定期間にどれだけ身についたのか、どのように身についたのか、子供の学習が評価される必要があります。また、子供の学習評価を基に、教師の指導が適切であったか、改善すべき点はどこかなど検討する必要があります。自立活動の指導は、計画－実践－評価・改善が繰り返され、だんだん子供に合った良いものとなっていきます。そうである以上、評価・改善は、とても重要なものと言えます。

　指導目標を設定する際に、適切な評価を行う観点からも検討することが重要です。

　まず、適切な評価を行うためには、指導目標が評価可能な具体性を有している必要があります。生活リズムの安定を課題とするA君の1年後の目標は、「日中の活動時間が長くなり、夜間に十分な睡眠がとれる」でした。この目標を「生活リズムを確立する」としたらどうでしょう。生活リズムというと、睡眠と覚醒をイメージする人もいますが、活動と休息をイメージする人もいるでしょう。栄養摂取や排泄を考える人もいるかもしれません。

いろいろな解釈ができる目標を設定すると、1年後に、生活リズムに関する様々な情報が集められ、目標の達成が判断されがちであり、指導の効果が判断できません。指導目標としては、指導を通して実現を期待する、具体的な子供の姿を表すことが大切です。

また、適切な評価を行うためには、指導目標を設定する時点で、評価の方法について考えておくことが大切です。評価の方法としては、評価時期、評価者、評価材料（評価に用いる資料）などが挙げられます。A君の場合、最終的な評価は1年後に行うとしても、1か月や1学期単位で評価を積み上げることができるでしょう。評価者については、自立活動の指導を担当する教師以外に、各教科を担当する教師や保護者等の協力も必要でしょう。

また、評価材料についても十分な検討が必要です。そもそも評価は、評価材料に対する価値判断だということを理解する必要があります。「国語のテストで70点とった」は評価材料です。さて、どのような価値判断ができるでしょう。優しいテストでクラスの平均が90点であれば、努力が必要という評価になるでしょうし、平均が50点のテストであれば、よく頑張ったという評価になるでしょう。自立活動の指導では、テストや検査といった評価材料を使えることが少なく、教師による行動観察（記録したメモ、写真、動画等）、子供の発言や活動の記録（日記や絵、自己評価表等）が多いことでしょう。予めどのような形で評価材料を得るか検討しておかないと、指導前、指導中、指導後で比較できる資料がなく、事実に基づいた評価ができず、教師の印象に頼った評価になってしまいます。それでは、子供の成長を振り返ることも指導を改善することもできません。

A君の「日中の活動時間が長くなり、夜間に十分な睡眠がとれる」という目標には、活動時間と睡眠の質という評価材料が含まれています。こうした評価材料に加え、日中の活動を動画で（評価材料）記録し、活動の対象、活動の持続時間、活動のバリエーションなどを比較して価値判断する（評価）ことが考えられます。

評価については、本シリーズ第3巻で詳しく述べますが、ここでは目標設定に当たって評価を考慮することの大切さを強調しておくことにします。

❷ 指導内容の設定

（1）指導目標の達成を目指す固有の内容

指導目標を達成するために、「何を」扱うのか、その中身が指導内容となります。仮に同じ目標を設定した二人の子供がいたとしても、困難さの原因や子供の興味の対象などが違いますので、目標達成のために指導する内容は変わります。

「欲しいものを身近な人に伝える」という目標に対して、言葉の表出を中心に内容を設定する場合もあれば、言葉の表出は難しいので指さしや身振りサインといった内容を必要とする場合もあるでしょう。また、機器の使用を検討しなければならない場合もあります。

指導内容は、指導目標を達成するために、困難さの原因や子供の興味・関心、特性等を踏まえて設定していくものです。

（2）内容・時間ありきの弊害

自立活動の指導内容は多様なものとなります。一人一人の自立活動の指導は、オーダーメードなものであり、指導内容も個性的なものとなるはずです。

① 指導内容ありきの弊害

ところが、自立活動の指導内容が障害の種類や程度によって固定的になりがちだという指摘があります。肢体不自由の特別支援学校で、共通に「からだ」の時間を設けていたり、知的障害の特別支援学校で共通に「うんどう」（教科として行われる体育以外に、自立活動の時間の指導で運動機能に着目した指導が行われる）の時間を設けていたりするところがあります。

また、小・中学校の自閉症・情緒障害及び知的障害特別支援学級の担当教師に自立活動の指導について調査したところ、表2のような課題が挙げられました。「指導目標より活動内容が優先されやすい」「ゲーム的な活動、ソーシャルスキルトレーニングが中心」「「コミュニケーション」「人間関係の形成」に関することが指導内容になりやすい」など、指導内容が、必ずしも一人一人の障害による困難から導かれていないことがうかがわれる結果となっています。

② 自立活動の時間ありきの弊害

特別支援学校の自立活動を主とする教育課程では、表3のような時間割が設定され、学級の子供たちの指導内容がおおむね共通になっている場合があります。健康づくりや運動の時間など共通の指導内容があることは理解できますが、健康づくりの時間だから○○をする、運動の時間だから△△をする、という発想になっていないか点検する必要があります。

そもそも自立活動を主とする教育課程は、一人一人異なる指導となる自立活動を主としなければならない

表2　自立活動指導上の課題（自閉症・情緒障害及び知的障害特別支援学級）

- ・指導目標より活動内容が優先されやすい
- ・個々のねらいよりもグループのねらいが主となる
- ・指導目標が具体化されにくい
- ・指導計画が作成されていない
- ・個別の指導計画の作成、活用が不十分
- ・ゲーム的な活動、ソーシャルスキルトレーニングが中心
- ・「コミュニケーション」「人間関係の形成」に関することが指導内容になりやすい
- ・指導の評価が難しい
- ・単発的な指導になりやすい

（出典）国立特別支援教育総合研究所、平成26〜27年度　専門研究B「特別支援学級における自閉症のある児童生徒の自立活動の指導に関する研究」

表3　共通の指導内容が多い時間割例
（自立活動を主とする教育課程）

	月	火	水	木	金
1	朝の運動（○○たいそう）朝の会				
2	体づくり排せつ・水分補給				
3	うんどう	おんがく	ずこう	うんどう	おんがく
4	生活学習〜季節や行事のテーマ〜				
5	給食				
6	休憩帰りの会				

のですから、共通の内容が多くなるのは考えにくいことです。子供の実態から指導すべき課題を導き、指導の目標や内容に至る過程をたどらないと、自立活動の時間をたくさん設けていても、一人一人の課題に応じた指導が十分できないことになりかねません。

（3）指導内容の設定の手順

指導内容の設定の手順の一例を示したのが図 9 です。

①　指導目標を達成するために、どのような指導の要素が必要か検討する（要素を列挙）

短期目標の達成のために必要な要素を書き出します。一人の教師だけで考えるより、複数の教師で検討した方が様々なアイディアが出てくることでしょう。また、似たような困難さの事例で、どんな指導の内容を取り上げているか、参考とするとよいでしょう。本シリーズ第 1 ～ 3 巻では、1 巻に 15 事例ずつを発達段階別に取り上げることにしています。事例のタイトルでは子供の困難さを示しています（○○が困難な事例、本書第 3 章及び巻末事例一覧参照）ので、求める事例が見つかりやすいことでしょう。

②　学習指導要領の 6 区分 27 項目の内容に照らして必要な要素を整理する（6 区分と照合）

学習指導要領では、指導内容の設定に当たり、6 区分 27 項目から必要な内容を選定してそれらを組み合わせて指導内容を設定する、と示されています。しかし、6 区分 27 項目は、表現が抽象的ですから、経験のある教師は、27 項目の表現で具体的なことをいろいろ思い浮かべられますが、経験の浅い教師にとっては無理があるでしょう。そこで、①

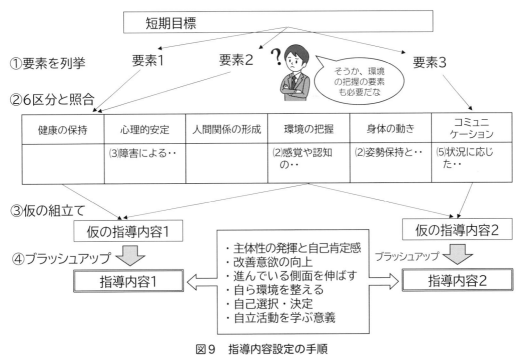

図 9　指導内容設定の手順

（図中の①～④は、（3）指導内容の設定の手順の①～④に対応）

で述べたように、まずは考えつくものを挙げる、チームでいろいろ挙げてみる、参考事例から挙げてみるとしました。

　いろいろ考えつくものを挙げた次の段階では、6区分27項目の参照が有効に機能します。自分たちで挙げたものが特定の区分に偏っていることや、別な区分の内容の必要性に気づくこともあります。

③　子供の興味・関心、特性、苦手なことや得意なことなどを踏まえ、挙げられた指導の要素を組み立てる（仮の組立て）

　①、②で必要な指導の要素が集められました。それらを子供が取り組みやすい形で組み立てていくのが次の過程です。子供の興味・関心や得意なことを生かす、視覚からの情報入手は得意だが聴覚からは苦手だとか、器用さはどうかといった特性を考慮するなどして指導内容を検討していきます。まさに、オーダーメードで指導を創り出す場面です。

　ここでは、実際の指導を想定しますので、用意される指導内容が絵に描いた餅ではいけません。指導できるかどうか十分に吟味しなければなりません。教師に指導力量があるか、指導のための教材は用意できるかなどを検討する必要があります。

④　指導内容をブラッシュアップする（ブラッシュアップ）

　1971（昭和46）年から施行された学習指導要領で、自立活動の前身である「養護・訓練」が誕生しました。そこから約50年間、自立活動の指導の蓄積があります。その指導の経験が学習指導要領に詰まっています。

　学習指導要領には、自立活動の指導内容を設定する際の配慮事項として以下の6点が示されています。指導内容をブラッシュアップし、よりよいものとする観点だと言ってよいでしょう。

1）興味をもって主体的に取り組み、成就感を味わうとともに自己を肯定的に捉える
　ことができるような指導内容　　　　　　　　　　（主体性の発揮と自己肯定感）

2）障害による学習上又は生活上の困難を改善・克服しようとする意欲を高めること
　ができるような指導内容　　　　　　　　　　　　　　　　（改善意欲の向上）

3）発達の遅れている側面を補うために、発達の進んでいる側面を更に伸ばすような
　指導内容　　　　　　　　　　　　　　　　　　　　（進んでいる側面を伸ばす）

4）活動しやすいように自ら環境を整えたり、必要に応じて周囲の人に支援を求めた
　りすることができるような指導内容　　　　　　　　　　　（自ら環境を整える）

5）自己選択・自己決定する機会を設けることによって、思考・判断・表現する力を
　高めることができるような指導内容　　　　　　　　　　　　（自己選択・決定）

6）自立活動における学習の意味を将来の自立や社会参加に必要な資質・能力との関
　係において理解し、取り組めるような指導内容　　　　　　（自立活動を学ぶ意義）

（特別支援学校小学部・中学部学習指導要領第7章第3の2の（3）、（　）内は筆者による要約）

　紙幅の関係で一項目ずつを詳述することはできませんが、指導内容をよりよいものとするために、チェックする観点とするとよいでしょう。注意したいのは、一つの指導内容に1）〜6）のすべてが含まれる必要はないということです。当初は1）だけを含んでいるが、だんだん2）〜6）が含まれていくといった形でも構いません。

（4）指導内容設定の例

　（3）の手順に基づいて、生活リズムが乱れがちで登校できないA君の指導内容を設定した過程を図10に示しました。

　A君の1年後の目標は「日中の活動時間が長くなり、夜間に十分な睡眠がとれる」、1学期の目標は「玩具を手に持って遊ぶ」と「教師と一緒に体を動かすことに慣れる」と設定されました（22ページ参照）。この短期目標について考えられる指導の要素として、「いろいろな玩具で遊ぶ」「いす座位で活動する」「体を動かす」「腕の上げ下ろしをする」「言葉のやりとりで体の準備態勢をつくる」ことと書き出しました。

　ここで、学習指導要領の6区分27項目と照らし合わせたところ、過度な緊張をやわらげるには人間関係の形成が大事な視点になることに気づきました。学習指導要領解説自立活動編にも「身近な人と親密な関係を築き、その人との信頼関係を基盤としながら、周囲の人とのやりとりを広げていく」という記述がありました。環境変化の中で過度な緊張が生じるA君には大事な視点であることに気づいたわけです。

　「腕の上げ下ろしをする」と「言葉のやりとりで体の準備態勢をつくる」ことに加え、A君が教師と一緒に体を動かすことを大変好むことを考慮し、「教師と一緒に腕の上げ下ろしをする」「教師と一緒に手足を動かす」を仮の指導内容として考えました。また、「い

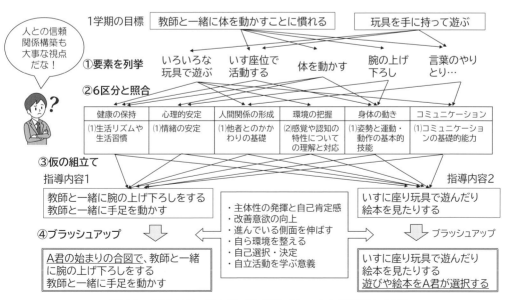

図10　指導内容の設定例（生活リズムの安定が課題のA君）

ろいろな玩具で遊ぶ」「いす座位での活動する」ことについては、Ａ君がいすに座り、そのいすに備え付けたテーブルの上で、玩具を操作しながら遊ぶと良いと考えました。そこで、二つ目の仮の指導内容として「いすに座り玩具で遊んだり絵本を見たりする」としました。

　次に、学習指導要領に示されている指導内容の配慮事項を加味して、仮の指導内容をブラッシュアップすることにしました。「教師と一緒に腕の上げ下ろしをする」については、Ａ君に主体性を発揮してほしいと考え、Ａ君の始まりの合図で上げ下ろしをスタートすることを加えました。「いすに座り玩具で遊んだり絵本を見たりする」については、自己選択・自己決定の意識を育みたいと考え、「遊びや絵本をＡ君が選択する」を加えることにしました。

（下山　直人）

【参考文献】
川間健之介・長沼俊夫編著（2020）新訂肢体不自由児の教育．放送大学教育振興会
国立特別支援教育総合研究所（2016）平成 26 ～ 27 年度専門研究Ｂ「特別支援学級における自閉症のある児童生徒の自立活動の指導に関する研究」．
下山直人監修・筑波大学附属桐が丘特別支援学校及び自立活動研究会編著（2021）よく分る！自立活動ハンドブック１－指導すべき課題を導く－．ジアース教育新社
古川勝也・一木薫編著（2016）自立活動の理念と実践－実態把握から指導目標・内容の設定に至るプロセス－．ジアース教育新社

第 **3** 節　授業計画の作成

　第3節では、一人一人の自立活動の目標や内容を実際に指導する場となる、授業における計画を取り上げます。自立活動の個別の指導計画を、自立活動の時間や各教科の時間、あるいは学校の教育活動全体を通して、どのような実践として展開するのか、子供の発達段階を踏まえて述べていきます。

❶ 個別の指導計画の具体化としての授業計画 ························

（1）個別の指導計画と授業計画

　筑波大学桐が丘特別支援学校では、毎年夏に、全国の教師を対象に自立活動セミナーを行っています。その参加者の問題意識として、「自立活動の個別の指導計画と授業がつながらない」「自立活動と他の授業の関連が図りにくい」といった声がしばしば聞かれます。そうした声の大きさを受けて、同セミナーでは、「個別の指導計画の作成と活用の演習」を企画に盛り込んでいます。

　自立活動の個別の指導計画を立てたのに、授業に十分生かされない、そんなことがあるのでしょうか。そもそも、「自立活動の個別の指導計画と授業計画は違うの？」と疑問をもった方もいるのではないでしょうか。

　第1節で述べたように、個別の指導計画といっても多様な様式があります。読者のイメージがバラバラのままでは話が進められませんので、ここで取り上げる個別の指導計画と授業計画についてイメージを揃えておくことにしましょう。図11をご覧ください。

　ここで、「自立活動の個別の指導計画」というのは、一人一人の障害による困難から指導すべき課題を導き出し、一定の期間の指導目標と指導内容を記載したものです（図11の左側）。その個別の指導計画で定めた指導目標や指導内容を、自立活動の時間、国語や算数等の各教科の時間、各教科と自立活動等を合わせた時間（知的障害教育で見られる日常生活の指導や生活単元学習等）、朝の会や給食等の学級指導の時間、その他学校生活全体を通じて指導していきます。この自立活動の時間や各教科などの時間の計画を、ここでの「授業計画」と呼ぶことにします（図11の右側）。

　自立活動の個別の指導計画では、一人一人の障害による困難に焦点を当て、それをいかに改善するかという観点に立って、指導すべき課題、指導目標等を設定します。図11では、

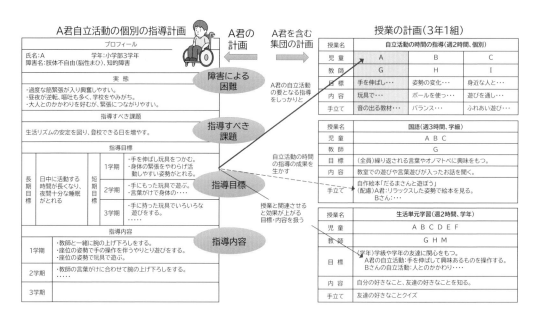

図11　個別の指導計画と授業計画

A君についてそれらを行っています。個別の指導計画は、Bさん、C君についても作成されます。

　それに対して、授業計画は授業を行う対象（個人・集団）ごとに作成されます。例えば、A君、Bさん、C君が所属する小学部3年1組では、「自立活動の時間」は個別指導の形態で授業を行います。教師が一人一人の子供を個別に担当し、自立活動の個別の指導計画で立てた指導の一部が実践されます（図11右側の上段の計画）。

　3年1組の国語の時間は、学級を単位として授業が行われます。A君、Bさん、C君に対し一人の教師が授業を行います。障害による困難は、学習や生活の多くの場面で生じますので、国語の時間でも、A君の自立活動の指導が必要な場合があります。国語の授業で目指す目標の追求の妨げにならず、むしろ良い影響を与えるよう、自立活動の指導を関連させていくことが求められます。例えば、A君のように、筋緊張が一日を通して強い場合には、国語で扱う絵本の読み聞かせの際の姿勢のとり方が、自立活動の指導として行われることが考えられます。自立活動の指導として、言葉の理解や表出に取り組んでいる場合には、国語の授業との関係はより直接的なものになります（図11右側の中段の計画）。

　生活単元学習は、各教科等を合わせた指導の一形態であり、自立活動を合わせていることが少なくありません。図11の例では、学年合同の授業となっています。6人の子供を対象に、3人の教師が指導に当たります。この例の場合には、生活単元学習に自立活動も含まれていますから、一人一人の自立活動の目標や内容をどのように取り入れるかを授業計画に盛り込む必要があります。A君の場合には、自立活動の個別の指導計画で挙げてい

る手の動きの改善に関わる内容を、生活単元学習で取り上げることとしました（図 11 右側の下段の計画）。

　図 11 の左側の、自立活動の個別の指導計画は A 君の視点で貫かれます。その一方、右側の A 君を含む授業計画は、A 君と一緒に授業をする子供も対象として作られます。それらの授業で、A 君の自立活動の個別の指導計画に盛り込んだ目標や内容をどのように扱うかを決めておかないと、「自立活動の指導が十分できなかった」となりかねないのです。

（2）個別の指導計画の授業計画への具体化

　自立活動の個別の指導計画を、授業計画に具体化していくことにしましょう（図 12 のⅠ段階）。

①　指導の場の決定

　自立活動の個別の指導計画で立てた、指導目標や指導内容を扱う指導の場を決めます。自立活動の時間が週に何時間あり、自立活動の個別の指導計画に盛り込んだ目標・内容のうち、どの目標・内容を扱うのか。生活単元学習や各教科では、どの目標・内容をどの程度扱うことができるのか見当をつけます。そのほかの教科の時間、学校行事等の特別活動で指導の対象とする目標・内容はあるか、朝の会や休み時間等を活用する目標・内容はあるか見極めます。指導の場の決定に当たっては、学級の時間割がポイントになります。

②　指導の場の工夫

　指導の場の検討を進めて、指導の場がないことや足りないことに気づいたときにはどうしたらよいのでしょう。もちろん、自立活動の時間が足りないことを訴えて、用意してもらえれば、それに越したことはありません。例えば、学年で合同の授業の際に、個別の自

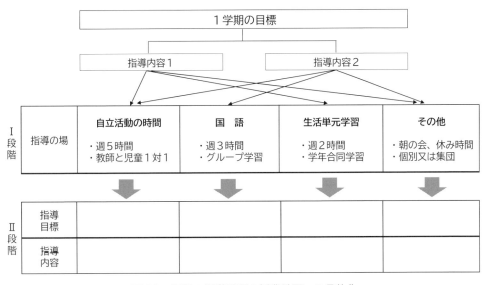

図 12　個別の指導計画の授業計画への具体化

立活動の時間を設定し、必要な子供だけを抽出して指導時間を確保する工夫をしている学校があります。

　また、自立活動の時間が設定されていない場合でも、登校後の５分、10分の時間を利用したり、教科の指導の時間を少し自立活動に割いたり、休み時間を活用したりして指導時間を生み出している例もあります。

　計画した指導目標や指導内容を扱う指導の場を決めながら、十分な指導が確保できるかどうか見極め、足りないようであれば指導の場を工夫することを検討してください。

③　指導の場ごとの授業計画の作成

　指導の場が明確になったら、その場ごとの授業計画を作成します（図12のⅡ段階）。指導の方法や教材を想定しながら、自立活動の時間や各教科等における自立活動の指導の目標や内容を検討していきます。

　次に、授業計画作成の具体例を紹介しますが、各教科等の授業計画は子供の発達段階によって、ずいぶん異なるものとなりますので、教育課程別に取り上げることにします。

❷ 自立活動を主とする教育課程の授業計画 ……………………………

（１）自立活動を主とする教育課程について

　特別支援学校において、重複障害の子供を教育する際、障害の状態により特に必要がある場合には、自立活動を主として指導できます。各教科や道徳等の指導を行うことが原則ですが、各教科等を学ぶことが困難なときに、各教科等の学びの土台となる自立活動に替えて指導ができるとされています。各教科等に替えて自立活動を主としている教育課程を「自立活動を主とする教育課程」と呼ぶことにします。

　本来、指導すべき各教科等に替えてその土台となる指導をしなければならないのですから、この教育課程の対象となるのは、重複障害の子供の中でも重度の障害のある子供たちです。自分の体を動かすことやコミュニケーションが難しく、各教科等を学習するための土台となる、健康づくり、感覚の活用、身体の動き、コミュニケーションなど人間の基本的行動の初期段階のことを学ぶ必要がある子供たちです。

（２）Ａ君について

　これまでも例に挙げてきた、生活リズムが乱れがちで登校ができないＡ君について、授業計画を作成することにします。

　Ａ君は、特別支援学校の小学部３年生です。

　Ａ君の指導すべき課題は、「生活リズムの安定を図る」ことでした。前述した通り１年後の指導目標は、「日中の活動時間が長くなり、夜間に十分な睡眠がとれる」とし、１学期の目標は「玩具を手に持って遊ぶ」と「教師と一緒に体を動かすことに慣れる」としま

した（24 ページ及び 31 ページ参照）。

（3）A君の学級の時間割

　指導の場を決めていくに当たっては、学級の時間割がポイントになります。そこで、A君の学級の時間割を見ておくことにしましょう。表4がA君の学級の1週間の時間割です。

　この学級は、重複障害児の学級で、3名の子供が所属しています。3名は、各教科等の指導の基盤となる、健康や姿勢づくりをはじめ、心身諸機能の活性化を図る指導が必要であり、そのため自立活動に多くの時間を割いています。一方で、人との関わりを育み、生活の変化が感じとれるよう、学級や学年の集団での授業を取り入れています。

　子供たちが、学校生活の見通しがもちやすいよう、1日の流れをおおよそ決めています。まず、登校後の「日常生活の指導」という時間に、検温、水分補給、

表4　自立活動を主とする教育課程の時間割例

	月	火	水	木	金
1	日常生活の指導 （健康づくり、朝の会）				
2	自立活動 （個別の課題、水分補給等）				
3					
4	国語	体育	生活単元学習	体育	生活単元学習
5	給　食				
6	音楽	特別活動		音楽	国語
	帰りの会				

軽い運動などの「健康づくり」で心身の状態を整え、朝の会で友達や教師との交流の場をもちます。2、3時間目は、個別の指導で、自立活動の個別の指導計画に基づく指導をたっぷりと行います。午前中の終わりには、学級やグループで、国語、体育などの教科や2学級合同で行う「生活単元学習」が設定されています。その後、給食があり、午後には、学級を単位として音楽や学級活動などを行い、帰りの会で一日を終えます。

　以上の授業について、「自立活動」「給食」を自立活動の時間としています。「日常生活の指導」「生活単元学習」は、生活、国語、算数、図画工作の各教科、道徳、特別活動、それに自立活動を合わせた授業として設定されています。

（4）授業計画例

①　指導の場の決定

　A君の自立活動の個別の指導計画における、1学期の指導内容は、「A君の始まりの合図で、教師と一緒に腕の上げ下ろしをする」「教師と一緒に体を動かす」「いすに座りいろいろな玩具で遊んだり絵本を読んだりする」「遊びや絵本を選択する」の四つです。

　個別の指導ができる「自立活動の時間」がありますので、腕の上げ下ろし、体を動かすこと、玩具で遊ぶことに、毎日じっくり取り組むことにしました。体を動かすことについては、1時間目の「日常生活の指導」の時間にも、1日のウォーミングアップを兼ねて取り上げることにしました。いすに座って玩具や絵本と関わる活動は、生活単元学習や国語、音楽などでも行うことにしました。このようにして作成したのが図13の授業計画です。

（1学期の目標）

玩具を手に持って遊ぶ。教師と一緒に体を動かすことに慣れる。

（1学期の内容）

・A君の始まりの合図で、教師と一緒に腕の上げ下ろしをする。
・教師と一緒に体を動かす。

・いすに座りいろいろな玩具で遊んだり絵本を読んだりする。
・遊びや絵本を選択する。

指導の場	自立活動の時間	日常生活	生活学習	国語	体育
	・週10時間 ・教師と児童1対1	・週2時間 ・学級の児童3名	・週5時間 ・学年の児童6名	・週2時間 ・学級の児童3名	… …
指導目標	・担任のリードにしたがい、力を入れずに腕を動かす。 ・興味のある玩具に手を伸ばし、持ち上げたりつかんだりする。	（生活） ・担任と一緒に、一日の予定を決める。 （自立活動） ・教師と一緒に体を動かすことに慣れる。	（生活） ・いろいろな遊びや周囲の変化に興味をもつ。 （自立活動） ・様々な物に手を伸ばし操作する。	（国語） ・絵本で好きな場面ができる。 （自立活動） ・いすに座ることに慣れる。	……
指導内容	・担任のリードで体のいろいろな部位を動かす。 ・担任と一緒に腕の上げ下ろしをする。子供の合図で始発する。 ・いす座位の調整をする。 ・いす座位で遊ぶ。遊びを選ぶ。 ・いろいろな玩具を操作して遊ぶ。玩具を選ぶ。 ・・・	・担任や友達と一緒に、一日の予定を選んだり確かめたりする。 ・教師と一緒に体操をする。 ・過度な緊張が入ったときの対応を知る。 ・・・	・手遊び、音あそび、やりとり遊びなどをする。 ・友達や教師と一緒に遊ぶ。 ・教師と一緒に、いろいろな素材に触れ、素材に働きかける。 ・・・	・教師と一緒にいろいろな絵本を読む。 ・絵本を選ぶ。 ・いすに座って絵本などを見る。 ・・・	……

図13　授業計画例（自立活動を主とする教育課程）

② 自立活動の時間

　自立活動の時間に、A君の個別の指導計画の中でも、基礎的かつ重要な部分を取り上げます。前半は、全身をリラックスさせるとともに腕の上げ下ろしを行います。教師のリードのもとに体をゆっくり動かしながら、身体の緊張をほぐしていきます。次に、教師のリードで腕の上げ下ろしをすることにより、過度な緊張とは異なる、力の入れ方を学んでいきます。

　体がほぐれたところで、両足を床につけ、お尻を座面の奥まで入れていすに座ることを練習していきます。日々の積み重ねで、座ることに慣れ、筋や関節が柔軟になり、持久力もついていくようにします。

　いすに座ることができたら、玩具を使って遊びます。二つの玩具を提示し、A君が選択できるようにします。A君が選んだ玩具を、置き場所、置き方等を考慮して提示し、A君の手の動きを引き出すようにしながら遊びます。

③ 日常生活の指導

　1時間目の「日常生活の指導」では、「健康づくり」と「朝の会」を行います。

　朝の会は1日の始まりであり、友達や教師と出会い、1日の予定を確かめる場です。A

君にとって刺激的であり、緊張の入りやすい時間です。そこで、1学期の日常生活の指導目標としては、生活科の視点から「教師や友達と一緒に一日の予定を決める」こととし、自立活動の視点からは、「教師と一緒に体を動かすことに慣れる」としました。そして、指導内容としては、「担任や友達と一緒に一日の予定を選んだり確かめたりする」「教師と一緒に体操をする」「過度な緊張が入ったときの対応を知る」としました。

④　生活単元学習

　生活単元学習では、いろいろな遊びを取り上げたり、季節や行事の話を聞いたり、制作をしたりします。A君にとって緊張が入りやすい面もありますが、2時間の自立活動の時間で体を整えた後であることから、いろいろな活動にチャレンジすることにしました。

　そこで、生活科の視点から「いろいろな遊びや周囲の変化に関心をもつ」とし、自立活動の視点からは「様々な物に手を伸ばし操作する」としました。指導内容としては、教師や友達と手を使ういろいろな遊び設定しました。また、季節に応じて、手で触って楽しい素材を用意し、素材を変化させる活動にも取り組むことにしました。

⑤　国語等各教科

　国語の時間では、絵本の読み聞かせや絵本のテーマにまつわる活動をして、「絵本で好きな場面ができる」ことを目指すこととしました。音楽や体育においても、音楽や運動という視点からの働きかけを受け止め、感じたことの違いを認識したり表出したりすることを目標とします。こうした各教科の授業において、A君の場合には、身体のリラックスや姿勢のとり方が学習を効果的に進める上でポイントになります。

　そこで、自立活動の時間で練習したいすに座って活動することを、国語をはじめとしていろいろな授業で取り入れることにしました。

（5）授業計画作成上の留意点

　自立活動を主とする教育課程において、自立活動の個別の指導計画を受けて、各授業の計画を作成する際には、次のような点に留意することが大切です。

① 　快適・安心・信頼を基盤とする

　自立活動を主とする教育課程で学ぶ子供は、障害が重度で重複しているだけでなく、健康面での課題が多い場合が少なくありません。身体的な苦痛があったり、環境の変化に不安を感じやすかったりすることがあります。

　苦痛があったり不安があったりすると、授業に意識を向けることができません。健康面での苦痛や痛みを取り除き、安心や信頼のあるところでこそ、主体的に学びに向かうことができます。自立活動を主とする教育課程で学ぶ子供たちに、各教科等を学ぶ基盤づくりとして、まず実現しなければならないのは、「快適」「安心」「信頼」をもたらすことです。授業計画を作成する際には、子供に快適・安心・信頼をもたらすものであることを心がけましょう。

楽な呼吸ができているか、覚醒できているか、子供にとって慣れ親しんだ環境であるか、教師との信頼関係はあるか。快適・安心・信頼が確保できていれば、活動の広がりや新しい活動を提案できるでしょう。快適・安心・信頼が不十分であれば、子供が慣れ親しんだ活動で、それらを育むことを計画する必要があります。

　A君は、環境の変化によって、心身両面から緊張が入り、自分ではどうしようもできなくなり、苦痛や不安を感じていました。そこで、まず、信頼できる教師と一緒に体を動かしながら、苦痛や不安を取り除くことが計画に盛り込まれました。

②　個別に必要な指導を十分に確保する

　この教育課程で学ぶ子供は、複数の障害があり発達の遅れが著しいことは共通しているのですが、発達の状態も、心身の諸機能の状態も、興味・関心も多様です。覚醒している時間帯や活動のペースが、他の子供と違っていることもしばしば見られます。そうした子供たちの発達を促し、各教科の学習の土台を築くためにこそ、自立活動を主とした教育課程があります。

　したがって、多様な実態の子供一人一人が必要とする学習にしっかり取り組むことができるよう、個別の指導ができる時間を十分に確保することが大切です。A君の例では、2、3時間目に個別指導が設定されていました。P28の表3で紹介したように、自立活動の時間はたくさんあるものの、他の子供と共通の指導内容が多くなり、個別指導が十分確保できないという事態にならないようにしましょう。

③　指導目標や指導内容を明確にする

　健康づくりや摂食指導のように、自立活動の時間の指導ですが、学級の子供たちが一緒に行う授業があります。活動の場を一緒にしながら、集団の醸し出す雰囲気を学習環境として生かすことを期待するものです。ただし、一人一人の指導目標や指導内容が違いますから、この点を明確にして授業を計画する必要があります。

　A君の学級では、朝の会で教師や友達と一日の学習予定を確認します。A君にとっては刺激的で楽しい活動ですが、過度な緊張が入りやすい場面です。そこで、自立活動の指導内容としては、教師の言葉がけなどのきっかけにより、A君自身が緊張のコントロールを学ぶことを盛り込むことにしました。

④　子供が行っていること、関心をもっていることを取り上げる

　授業計画において、指導内容を踏まえて具体的な活動を設定する際には、子供が行っていること、子供が関心を向けていることを取り上げることが有効です。障害の重い子供も、外界を受け止め対応しながら生きています。その子供なりに、もてる力を発揮しているのです。ただ、もてる力をうまく発揮できないため、発達が滞ったり、学習上の困難となったりするのです。

　外界からの情報に対して示す過度の緊張状態は、A君がもてる力を発揮している姿です。

情報をこれまでの記憶と照合して表現しているのですが、一瞬にして現れる体の緊張という極限状態により、その後の学びが続かなく、疲労の蓄積により生活リズムを崩すことになっていました。そこで、Ａ君がもてる力を発揮している過程に介入し、緊張をゆるめ手の動きなど体の操作を学んでいく指導を取り入れることにしました。

⑤　学習活動や教材の選択の機会を取り入れる

　子供が活動や教材を選択できる機会を取り入れることが大切です。子供が好みの方を選択することによって、意欲的な取り組みにつながることが期待できます。また、複数の活動や教材を用意しておけば、子供の反応によって教師の対応を変えることもできます。自己選択や自己決定の機会は、好みや嗜好を育て、個性を豊かにすることにつながります。

　Ａ君の授業計画においては、玩具を選ぶ、遊びを選ぶ、絵本を選ぶなど、自立活動の時間はもちろん、いろいろな授業で取り入れられています。

❸ 知的障害・知的障害代替の教育課程の授業計画

（1）知的障害・知的障害代替の教育課程について

　この教育課程は、知的障害のある子供のために用意された「各教科」を取り扱うのが特徴です。国語や算数など、教科の名称は小学校や中学校等の各教科と同じですが、各教科等の目標や内容は知的発達を考慮して設定されています。国語の小学部１段階の内容には「身近な人の話し掛けに慣れ、言葉が事物の内容を表していることを感じること」があり、算数の１段階の内容には「具体物に気付いて指を差したり、つかもうとしたり、目で追ったりすること」といった人間発達のごく初期に習得することから設定されています。小学部に３段階、中学部に２段階、高等部に２段階の目標と内容があります。

　知的障害以外の特別支援学校においても、知的障害のある子供の教育をする場合、小学校等の教科に替えて知的障害のある子供のための教科を扱うことができます。そこで本書ではこの教育課程を、「知的障害・知的障害代替の教育課程」と呼ぶことにします。

　知的障害特別支援学校では、「自立活動の時間」が１週間の時間割にない学校が少なくありません。独立行政法人国立特別支援教育総合研究所の調査によると、全国の知的障害特別支援学校において、自立活動の時間を「設定している」が45％、「特に設定していない」が25％、「学部によって異なる」が21％でした（平成22 ～ 23年度、特別支援学校における新学習指導要領に基づいた教育課程編成の在り方に関する実際的研究報告書）。同調査で、他の障害種別の学校では「設定している学校」が80 ～ 98％になっています。特別支援学校においては、すべての子供に自立活動の指導をしなければなりませんから、知的障害特別支援学校では、どうしているでしょう。

　知的障害・知的障害代替の教育課程では、障害の状態により特に必要がある場合には、

国語や算数等の各教科、道徳等に自立活動を合わせて指導することができます。自立活動の時間を設定していない学校では、多くの場合、日常生活の指導や生活単元学習等の「各教科等を合わせた指導」で、自立活動の指導も行われています。学習指導要領上、「自立活動の時間」は、必要があれば設けなければなりませんが、設けないからといって、すぐに問題になるわけではありません。

（2）J君について

　J君は、知的障害特別支援学校の中学部2年生です。

　J君は、聞かれたことに言葉で応えることができますが、自分から話すことが少ない生徒でした。そこで、「経験したことや感じたことを自分から言葉で伝える」ことが指導すべき課題として導かれました。1年後の指導目標は、「経験したことや感じたことを言葉で伝える」とし、1学期の目標は、「経験したことや感じたことを学級担任に言葉で伝える」としました。見聞きしたこと体験したこと、そのときに生じた気持ちを、身近にいて、生徒の思いを理解しようとする学級担任に向けて表すことを目指しました。

（3）J君の学級の時間割

　J君の学級の1週間の時間割が、表5です。

　J君の学級では、日常生活の指導、生活単元学習等の「各教科等を合わせた指導」を中心に国語、数学等の各教科、総合的な学習の時間、特別活動、自立活動によって1週間の時間割を構成しています。

　「日常生活の指導」では、一日の生活の流れに即して、基本的生活習慣や役割、しごとなどを学んでいきます。登校後の持ち物の整理や着替え、係活動、授業の合間の排泄、給食の時間の配膳や食事のとり方、食後の歯磨き指導などが扱われます。「生活単元学習」では、季節や学校の行事、買い物など生活の具体的な場面と関連付けたテーマを設定し、国語や美術等の各教科、道徳、自立活動等を合わせて授業を行っています。「作業学習」では、中学部の生徒が四つのグループに別れ、

表5　知的障害・知的障害代替の教育課程の時間割例

	月	火	水	木	金
1	日常生活の指導 （着替え・朝の会）				
2	国語 自立（抽出）	数学	国語	数学 自立（抽出）	国語
3	生活単元学習	作業学習	保健体育	生活単元学習	作業学習
4			美術		
5	日常生活の指導 （配膳・給食）				
6	音楽	総合	音楽	特別活動	保健体育
	帰りの会				

農作業や木材加工に取り組みます。「作業学習」は、職業・家庭を中心とした各教科、道徳、自立活動等を合わせた授業です。

　2時間目の国語や数学では、習得の状況に応じたグループ学習を行いますが、自立活動の指導で個別の学習が必要な生徒は、抽出をして指導を行っています。J君は、週2回、自立活動の時間があります。体育や音楽は学年合同で授業を行っています。

（4）授業計画例

①　指導の場の決定

　言葉は生活の中で、人とのやりとりを通して育まれます。生活の中で生きた言葉に触れる経験があり、真似たり使ってみたりする中で自分のものになっていきます。言葉の習得の初期段階には、大人が意図的に関わることが求められます。子供の生活を充実させる生活単元学習や作業学習と、そこでの経験を補い深める自立活動や国語などの学習が相まって指導の効果が上がることでしょう。

　そこで、1学期の目標である「経験したことや感じたことを学級担任に言葉で伝える」の指導内容として、「動きや気持ちを表す言葉を聞く・使う」「動きや気持ちを表す言葉を知る」「経験したことを話し合う、絵日記をかく」としました。体験活動の中で言語経験を充実させながら、言葉を意図的に再現させたいと考えました。

　生活単元学習や作業学習では、生活や作業の生きた体験の中で、動きや気持ちを表す言葉を聞き、使っていきます。自立活動の時間には、生活単元学習等での経験を思い出し、話し合い、絵に描くことにしました。「動きや気持ちを表す言葉を知る」機会は、各教科や日常生活の様々な場面でも考えられます。国語では、本や動画等を使いながら、体系的にこれらの言葉を扱うことにしました。日常生活の様々な場面では、自然な流れの中で、動きや気持ちを表す言葉を聞いたり使ったりしていくことにしました。このように考えて作成したのが、図14の授業計画です。

②　自立活動の時間

　自立活動の時間の始めの数時間で、J君が知っている言葉や使える言葉を調査することにします。J君は身近な物の名前はよく知っていますが、動きを表す言葉や気持ちを表す言葉を使いません。そこで、写真や動画等を使いながら、言葉を聞いて事物を指すことができるか、事物や状況を言葉で表現できるか確かめます。

　自立活動の時間には、まず、どんなことを話題とするのか話し合います。生活単元学習や作業学習等での出来事を教師と一緒に思い出しながら、あんなことがあった、こんなことがあったと話していきます。それらの中から、絵に描く話題を決めていきます。話題は教師とのやりとりの中でJ君が決めます。

　この授業は、J君が絵を描くためのものではありません。絵を描くのは、J君が、蓄えられた記憶から言葉を思い出していくための手立てです。したがって絵を描くことは、教師が主導して構いませんが、J君が描きたがるときには任せます。J君から出た言葉を吹き出しに入れながら、一つの場面について掘り下げていきます。ありありと場面を思い出す中で、自分が真似て話した言葉や、教師が強調した言葉を再現することをねらいます。教師が強調した言葉は、J君に身につけてほしい動きや気持ちを表す言葉ですから、自然にそうした言葉が習得されることを期待しているのです。

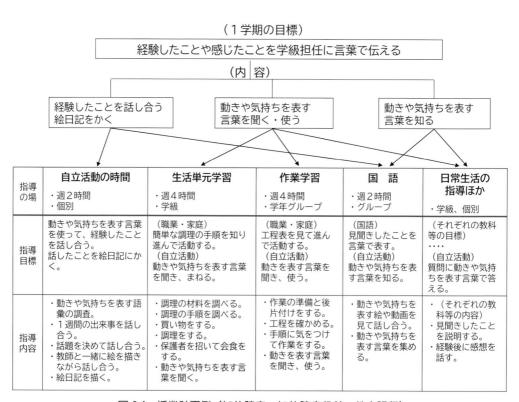

（１学期の目標）

| 経験したことや感じたことを学級担任に言葉で伝える |

（内　容）

| 経験したことを話し合う
絵日記をかく | 動きや気持ちを表す
言葉を聞く・使う | 動きや気持ちを表す
言葉を知る |

指導 の場	自立活動の時間 ・週２時間 ・個別	生活単元学習 ・週４時間 ・学級	作業学習 ・週４時間 ・学年グループ	国　語 ・週２時間 ・グループ	日常生活の 指導ほか ・学級、個別
指導 目標	動きや気持ちを表す言葉を使って、経験したことを話し合う。話したことを絵日記にかく。	（職業・家庭） 簡単な調理の手順を知り進んで活動する。 （自立活動） 動きや気持ちを表す言葉を聞き、まねる。	（職業・家庭） 工程表を見て進んで活動する。 （自立活動） 動きや気持ちを表す言葉を聞き、使う。	（国語） 見聞きしたことを言葉で表す。 （自立活動） 動きや気持ちを表す言葉を知る。	（それぞれの教科等の目標） ‥‥ （自立活動） 質問に動きや気持ちを表す言葉で答える。
指導 内容	・動きや気持ちを表す語彙の調査。 ・１週間の出来事を話し合う。 ・話題を決めて話し合う。 ・教師と一緒に絵を描きながら話し合う。 ・絵日記を描く。	・調理の材料を調べる。 ・調理の手順を調べる。 ・買い物をする。 ・調理をする。 ・保護者を招いて会食をする。 ・動きや気持ちを表す言葉を聞く。	・作業の準備と後片付けをする。 ・工程を確かめる。 ・手順に気をつけて作業をする。 ・動きを表す言葉を聞き、使う。	・動きや気持ちを表す絵や動画を見て話し合う。 ・動きや気持ちを表す言葉を集める。	・（それぞれの教科等の内容） ・見聞きしたことを説明する。 ・経験後に感想を話す。

図14　授業計画例（知的障害・知的障害代替の教育課程）

③　生活単元学習・作業学習

　１学期の生活単元学習では、保護者を招いて会食することを目指して、料理調べ、材料調べ、買い物、調理、会食の一連の活動に取り組みます。この生活単元学習において、Ｊ君には、職業・家庭科の視点から「簡単な調理の手順を知り進んで活動する」ことを目標とします。一方、調理では、洗う、切る、煮るなどの動きを表す言葉がたくさん使われ、「たのしい」「おもしろい」「残念」「くやしい」「やったあ」といった気持ちを表す言葉を使う機会もあることから、こうした言葉をたくさん聞き、思わず真似るような状況が生じることを、自立活動の視点から目指すことにしました。

　１学期の作業学習で、Ｊ君は得意な木材加工を行います。作業の一つ一つに慣れてきていることから、職業・家庭科の視点から「工程表を見て進んで活動する」ことを目指します。一方、木工作業にも、押さえる、叩く、磨くといった動きを表す言葉がたくさん出てくることから、こうした言葉をたくさん聞き、思わず真似るような状況が生じることを、自立活動の視点から期待します。

④　国語

　動きを表す言葉や気持ちを表す言葉を集めた図書があります。また、こうした言葉に着

目して教師が動画を選んだり自作したりできます。国語の時間には、そうした教材を使いながら、動きや気持ちを表す言葉を体系的に学んだり、言葉集めをしたりします。

　日常生活には、動きや気持ちを表す場面が溢れています。そうした場面で、無理に話させようとすると、本人にプレッシャーを与えることになります。日常生活のいろいろな場面では、その場の状況を大切にしながら、J君が興味・関心をもった事物について話し合ったり、J君が知っている言葉から話題を広げたりしていきます。

（5）授業計画作成上の留意点

　知的障害・知的障害代替の教育課程において、自立活動の個別の指導計画を受けて、各授業の計画を作成する際には、次のような点に留意することが大切です。

①　授業計画に自立活動の目標・内容を盛り込む

　自立活動の個別の指導計画は、様々な集団で行われる授業の計画に具体化されて、はじめて実際の指導として展開できます。そして、自立活動の時間と生活単元学習等の各教科等を合わせた指導や、自立活動の時間と各教科の指導を密接に関連付けることによって、指導の効果を上げていくことが期待できます。

　J君の場合であれば、自立活動の時間は週に2時間ですが、生活単元学習等の各教科等を合わせた指導は18時間、国語の時間は2時間ですから、自立活動の時間だけで行うより10倍の指導機会を確保することできます。自立活動の個別の指導計画は、「自立活動の時間」だけの計画だけではないことを、強く認識する必要があります。

②　要としての「自立活動の時間」を確保する

　自立活動の指導は、学校の教育活動全体を通して行うのですが、その中で「自立活動の時間」は大切な位置を占めます。自立活動の指導全体の要といっても良いでしょう。

　「自立活動の時間」は、なぜ必要なのでしょうか。それは、指導を個の視点から用意する必要があるからです。具体的には次のような場合が挙げられます。

　第一に、障害による困難を見極める必要がある場合です。例えば、視覚からの情報をうまく入手できないことが、文字を書くことの困難の原因ではないかと推測したとします。それを確かめるためには、条件を整えて試してみなければなりません。この場合、個に視点を当てられる環境を用意する必要があります。

　第二に、指導の出発点を見極める必要がある場合です。J君の場合には、動きや気持ちを表す言葉の語彙を調べることによって、J君に習得してほしい言葉を絞ることにつながりました。教材、指導法をあれやこれや試すためには、個別の場面が必要です。

　第三に、個別の指導が必要な場合です。目標や内容、環境、教材等を個別に用意しなくてはならず、集団では学習効果が期待できない場合です。経験したことを絵に描く指導では、教師がJ君の記憶を引き出すことを助ける役割を果たしています。J君の微妙な変化を捉えなければならず、個別の対応が求められるのです。

多くの指導の場で行われる自立活動の指導効果を最大化させるために、「自立活動の時間」の設定は重要なのです。にもかかわらず、自立活動の時間の設定に苦慮されている教師や学校が少なくありません。Ｊ君の例のように、グループ学習や合同学習の時間等を使って、自立活動の指導の優先度が高い子供から抽出するなどの工夫が必要でしょう。指導を必要とする子供に指導の機会を確保することこそ、カリキュラム・マネジメントに期待されていることでしょう。

③　各教科等を合わせた指導では、自立活動の指導目標・内容を明らかにする

　知的障害や重複障害のある子供の教育においては、各教科等を合わせた指導を行うことができます。各教科等を合わせた指導では、自立活動を合わせることも可能です。ただ、自立活動の個別の指導計画のどの部分を、各教科等を合わせた指導で取り扱うのか明確にしておかないと指導の効果は上がりません。生活単元学習等の各教科等を合わせた指導については、子供が活動や経験はしているものの、何を学んだかが不明確であるとの指摘がたびたびなされています。各教科等を合わせた指導で達成する、自立活動の指導目標を明らかにするとともに、どのような指導内容を各教科等の指導内容と合わせるのかを押さえる必要があります。

　Ｊ君の例では、自立活動の時間の指導に対し、生活単元学習等の時間がはるかに多くなっています。自立活動の指導の効果を高める、つまりその子供の障害による困難の改善を図る上でも、各教科等を合わせた指導で、自立活動の指導目標・指導内容を明らかにすることが重要なのです。

④　できる活動、得意な活動を生かす

　授業計画の作成に当たっては、子供ができる活動や得意な活動を生かすことが大切です。「できない」活動の一つ手前のレベルには、できる活動があることでしょう。できる活動に十分取り組ませて自信をもたせるとともに、目標のステップを上げるのではなく、同レベルでの内容の広がりや、いつでも、どこでも、誰とでもできるように、横方向への広がりを考えることが大切です。

　Ｊ君の場合には、言葉によるコミュニケーションに困難さがあるものの、教師や友達と活動することには積極的でした。そこで、様々な活動の中で言語経験を豊かなものとし、楽しいことを思い浮かべながら、使った言葉を再現するという方法がとられました。

⑤　子供が学習の計画や評価に参加する

　子供の発達段階にもよりますが、学習の計画や評価に参加させることが大切です。学習計画への参加としては、一定期間の学習内容を話し合ったり選択したりするような場合もありますが、その日の活動を選択するといった場合もあるでしょう。いずれにせよ、計画への参加は、子供の意欲を喚起し、主体的な取り組みを促すことになります。また、評価への参加は、活動を振り返ることを通して成就感を味わい自己肯定感を高めることにつな

がります。次の活動への意欲を喚起することも期待できるでしょう。

　J君は、自立活動の時間に何を話題とし、どのような順序で話していくか決めます。J君はいろいろな経験を思い出し、話の見通しをもちます。学習への意欲が高まり、知っていることを話したくなることでしょう。また、話したことは絵として残り蓄積されていきます。時間を経て、たくさん話せるようになったことを教師と一緒に確認することによって、J君は学習への自信を深め、言葉によるコミュニケーションに関する意欲を向上させることが期待できます。

❹ 準ずる教育課程の授業計画

（1）準ずる教育課程について

　特別支援学校において、知的な遅れのない子供たちは、小学校、中学校、高等学校等の各教科や道徳等に加え、自立活動を学んでいます。小学校等の教育課程に準じているという意味で「準ずる教育課程」と呼ばれています。ここでは、小学校、中学校、高等学校の教育課程も含めて「準ずる教育課程」で代表させることとします。

　小学校、中学校、高等学校の教育課程を構成する各教科等には「自立活動」がありません。そこで、自立活動に相当する指導を行うには工夫が必要になります。特別支援学校では、自立活動の時間を設定することができますが、年間の総授業時数は小学校等と同様ですから、自立活動の時間を設定する分、各教科等の授業時数を減らすことになります。

（2）Hさんについて

　Hさんは、高等学校の通常学級で学ぶ1年生です。

　文章を読むことに、大変苦労しており、特に縦書きの文章を読むことが苦手です。小学校6年生用の国語の教科書を何とか音読しますが、読み終わっても意味が十分理解できていません。また、学習内容が理解できないためか授業中の姿勢が悪く、机にもたれかかっていることがしばしば見られました。教師に注意されると一時的には姿勢を直しますが、すぐに崩れました。高等学校に入学したものの、読みの困難さから、すべての科目で学習意欲が減退している状態でした。

　Hさんの困難さは、一定の文字量がある文章を円滑に読むことができないことでした。その原因は、眼球運動のコントロールが十分できないことであり、姿勢を十分保持できないことも少なからず影響していました。そこで、「眼球運動と姿勢を改善し、文章の読解力の向上を図る」ことを指導すべき課題として導きました。1年後の指導目標は、「教科書を読み、書かれていることのおおよそを理解する」とし、1学期の目標を「400字程度のテキストを読み、書かれていることのおおよそを理解する」としました。

（3）Hさんの学級の時間割

　前述したように、小学校、中学校同様、高等学校の教育課程を構成する教科等にも「自立活動」はありません。高等学校で、障害による困難に対応する場合には、通常の授業の中での配慮や学校設定教科・科目等により実施されてきました（平成30年度より、高等学校における通級による指導が始まり、この指導においては自立活動の指導が可能となりました）。

　学校設定教科・科目は、教育課程を構成する教科や科目として高等学校学習指導要領で定められているもののほかに、教育上の必要性がある場合に学校独自で設定できる教科と科目です。Hさんの学校では、近年、言葉の理解と表出に困難を抱える生徒が増加していることから、国語科に属する学校設定科目として「コ

表6　準ずる教育課程の時間割例

	月	火	水	木	金
	SHR 自立活動（10分トレーニング）				
1	国語総合	コミュ英語Ⅰ	数学Ⅰ	数学A	数学Ⅰ
2	体育	数学A	社会と情報	英語表現Ⅰ	（選択）音楽Ⅰ美術Ⅰ
3	社会と情報	国語総合	（選択）国語※	体育	音楽美術
4	数学Ⅰ	生物基礎	国語総合	体育	コミュ英語Ⅰ
5	世界史A	総合的な探究の時間	生物基礎	世界史A	国語総合
6	コミュ英語Ⅰ	LHR		保健	英語表現Ⅰ
	SHR 自立活動（10分トレーニング）				

※現代文B、国語表現、コミュニケーション演習
　（学校設定科目）から選択

ミュニケーション演習」を設けることとしました。水曜日の3校時は、選択履修の時間で、「現代文B」「国語表現」「コミュニケーション演習（学校設定科目）」が開設されています。

　Hさんは、学級担任と自分の抱える読みの困難について話し合い、「コミュニケーション演習」を選択するとともに、登校後と放課後の10分程度の時間を、文章読解のトレーニングに当てることとしました。Hさんの学級の時間割に、Hさんの自立活動の学習の時間を入れたものが表6になります。

（4）授業計画例

①　指導の場の決定

　1学期の目標「400字程度のテキストを読み、書かれていることのおおよそを理解する」を達成するために、指導内容を三つ設定しました。「眼球運動のトレーニングをする」「体幹の保持力を鍛える」「各科目の単元案内（400字程度）を読み、質問に答える」です。読みの困難の原因である眼球運動と姿勢を改善し、Hさんが読んで理解できる文字数の文章から読解力を高めるという方針の下に設定されました（図15）。

　自立活動の時間であるコミュケーション演習において、三つの指導内容をどのように学んでいくか、Hさんが学習計画を立てることにしました。その計画において、眼球運動のトレーニングは、登校後10分間の時間に行うことにしました（「朝の自立活動」と呼ぶ）。「体幹の保持力を鍛える」ことについては、本人の希望により家庭で継続して行うこととしました。また、姿勢保持はすべての授業で必要となることから、毎時間の授業において

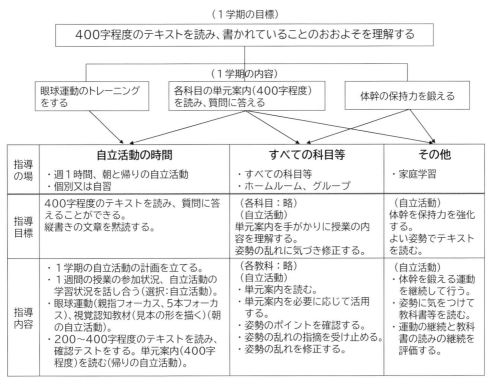

（1学期の目標）

400字程度のテキストを読み、書かれていることのおおよそを理解する

（1学期の内容）

眼球運動のトレーニングをする	各科目の単元案内（400字程度）を読み、質問に答える	体幹の保持力を鍛える

指導の場	自立活動の時間	すべての科目等	その他
	・週1時間、朝と帰りの自立活動 ・個別又は自習	・すべての科目等 ・ホームルーム、グループ	・家庭学習
指導目標	400字程度のテキストを読み、質問に答えることができる。 縦書きの文章を黙読する。	（各科目：略） （自立活動） 単元案内を手がかりに授業の内容を理解する。 姿勢の乱れに気づき修正する。	（自立活動） 体幹を保持力を強化する。 よい姿勢でテキストを読む。
指導内容	・1学期の自立活動の計画を立てる。 ・1週間の授業の参加状況、自立活動の学習状況を話し合う（選択：自立活動）。 ・眼球運動（親指フォーカス、5本フォーカス）、視覚認知教材（見本の形を描く）（朝の自立活動）。 ・200〜400字程度のテキストを読み、確認テストをする。単元案内（400字程度）を読む（帰りの自立活動）。	（各教科：略） （自立活動） ・単元案内を読む。 ・単元案内を必要に応じて活用する。 ・姿勢のポイントを確認する。 ・姿勢の乱れの指摘を受け止める。 ・姿勢の乱れを修正する。	（自立活動） ・体幹を鍛える運動を継続して行う。 ・姿勢に気をつけて教科書等を読む。 ・運動の継続と教科書の読みの継続を評価する。

図15　授業計画例（準ずる教育課程）

も気をつけることにしました。テキストの読解については、放課後（「帰りの自立活動」と呼ぶ）と家庭学習で継続して行うとともに、そこでの成果を授業で生かせるように考えました。

② 自立活動の時間

　学校設定科目であるコミュニケーション演習では、Ｈさん自身が、自立活動の学習計画の立案と、実施状況の評価を行います。Ｈさんの自立活動は、登校後の自由時間や家庭等で、一人で行うことが多く、継続するためには強い目的意識や主体性が求められます。学習の必要性を理解し、モチベーションを保つためには、計画と評価に参画する必要があると考えました。また、眼球運動や読解の具体的方法については、この時間に教師から指導を受けることにしました。コミュニケーション演習は、週1時間の設定ですが、自立活動の指導全体の要と言えるものです。

　朝の自立活動では、眼球運動のトレーニングや視知覚教材に取り組みます。両腕をまっすぐ前に出し、親指を立て、顔を動かさずに交互に見るといった眼球運動を数種類行います。その後、見本と同じ形を隣に描くといったプリント教材を何枚か行います。

　帰りの自立活動では、テキストの読解を行います。テキストは、各科目の担当教師に依頼し、学習予定の単元の要点を、分かりやすい文章で書いてもらいます（「単元案内」と

呼ぶ）。テキストの読解が各科目の予習となるのです。そうすることにより、教科書からの理解は不十分であっても、学習意欲を失わずに授業に参加できると考えました。

③　すべての科目等

　前述したように、すべての科目の担当者の協力を得て、「単元案内」を用意してもらいます。帰りの自立活動や家庭学習で、単元案内を繰り返し読んで授業に参加するとともに、授業内でも参照できるようにします。単元案内は、読解のテキストであると同時に授業理解の助けにもなるものと位置付けました。

　また、すべての授業に、よい姿勢を保って参加することを目指すことにします。Ｃさん自身が気をつけて参加し、よいときには教師に褒めたり励ましてもらったりします。それでも崩れがちになるときには、さりげなく指摘することを教師間で共通理解しました。

④　家庭学習

　体幹の保持力を鍛える運動は、家庭で継続的に行うことにします。運動の内容は、体育科の教師とも相談しながら、コミュニケーション演習の時間に決めました。

　また、帰りの自立活動で継続するテキストの読解については、家庭学習としても行うこととし、行う際には姿勢に気をつけます。これらについて、モチベーションを保つため、継続の有無、運動の回数、テキスト読みの回数等を記録することにしました。

（5）授業計画作成上の留意点

　準ずる教育課程において、自立活動の個別の指導計画を受けて、各授業の計画を作成する際には、次のような点に留意することが大切です。

①　要としての「自立活動の時間」を確保する

　準ずる教育課程においては、自立活動を設定することができません。しかし、Ｈさんの例のように、登校後や放課後の時間を使ったり、高等学校では学校設定教科・科目等を活用したりするなど、工夫している例があります。ときには、5分、10分の練習でも、積み重ねにより大きな効果を上げることがあります。大切なのは、障害による困難の原因や改善方策を理解したり、改善方策について指導を受けたりするための、ある程度まとまった時間です。Ｈさんの例では、学校設定科目がそれに当たります。

　特別支援学校では、自立活動の時間が週に1～3時間程度設定されていますが、学年や学部が上がるにつれ少なくなるようです。しかし、子供たちの障害による困難から生じる問題や悩みは、学年や学部が上がるにつれ少なくなるわけではありません。障害による困難が一人一人異なり、対応も違うわけですから、自立活動の時間を個別に増減させるなど、適切に設定することが求められます。

②　自立活動と各教科の指導との密接な関連を図る

　障害による困難は、各教科の学習場面や登校、休み時間といった学校生活の場面で生じています。したがって、自立活動の時間の指導では、各教科や生活場面での解決を想定し

ながら指導を行い、実際の場面で解決できているかどうかを評価する必要があります。自立活動の指導と各教科や生活の指導は、密接な関連を図らなければならないのです。

　Ｈさんの読みの困難は、各科目の授業において解決される必要があります。したがって、読解のテキストも各科目につながる単元案内を使うこととしました。こうした対応は、各科目の担当教師の協力なしにはできません。協力を得るためには、各科目の担当教師と、Ｈさんの障害による困難の原因や改善方策を共通理解する必要があります。また、自立活動の指導による成果についても共有し、指導への協力が継続して得られるようにすることが大切です。

③　学習計画と評価に参画する

　Ｈさんが選択したコミュニケーション演習の時間の主要な内容として、学習計画の立案と実施状況の評価があります。子供が自立活動の学習計画を立てることの意味は、学習に対する意欲を高め、継続性を確保することにとどまりません。自立活動の学習の意味を理解することにつながります。

　自分の前に立ちはだかる問題状況に対し、状況を分析し、解決のための資源を探し活用する、問題解決の過程を学んでいきます。こうした学びは、将来、自立し社会参加するために、自分の力を評価し、必要な資源を有効に活用する力にもなっていくことでしょう。

④　準備や後片付けを指導に位置付ける

　障害による困難を改善するための手立てとして、様々な補助具や機器が活用されます。こうした補助具や機器については、その使い方を知るだけでなく、準備や後片付けにも積極的に取り組むよう指導する必要があります。

　Ｈさんの場合には、単元案内や視知覚教材等のプリント類を用意し、整理することが求められます。それらのプリントが提供されるのを待つだけでなく、ときには担当教師を回って集めたり、読み終わった単元案内をいつでも活用できるようファイルに整理したりすることが大切です。この点は、学習指導要領においても、「活動しやすいように自ら環境を整え」る視点を考慮するよう示されています。　　　　　　　　　（下山　直人・田丸　秋穂）

【参考文献】

糸賀一雄（2003）復刊 この子らを世の光に〜近江学園二十年の願い〜．NHK 出版
梶田叡一（2010）教育評価．有斐閣双書
国立特別支援教育総合研究所（2016）平成 18 年度〜 19 年度課題別研究成果報告書「重複障害児のアセスメント研究 −自立活動の環境の把握とコミュニケーションに焦点をあてて− 」．
コンスタンス・マクグラス，川合紀宗（翻訳）（2010）インクルーシブ教育の実践−すべての子どものニーズにこたえる学級づくり−．学苑社
浜田寿美男（1995）意味から言葉へ．ミネルヴァ書房
文部科学省（2018）特別支援学校教育要領・学習指導要領解説各教科編（小学部・中学部）．
　https://www.mext.go.jp/component/a_menu/education/micro_detail/__icsFiles/afieldfile/2019/02/04/1399950_4.pdf

第2章

学校事例編

筑波大学附属桐が丘特別支援学校の自立活動の指導

個別の指導計画の作成・運用のよりよい在り方を目指して

筑波大学附属桐が丘特別支援学校　佐々木　高一

❶ 当校について

　当校は、肢体不自由の児童生徒に対する教育を行う特別支援学校です。また、肢体不自由のほかに知的障害等、複数の障害を併せ有する児童生徒も多数在籍しています。当校には、家庭から通学する児童生徒を対象とする「本校」校舎（以下、本校）と、隣接する心身障害児総合医療療育センター内の整肢療護園に入園している児童生徒を対象とする「施設併設学級」校舎（以下、施設併設学級）があります。我が国の大学附属学校の中で肢体不自由の児童生徒を対象とする特別支援学校は当校のみです。日々の教育活動の充実と合わせて、国内唯一の肢体不自由教育研究校として先導的教育に取り組み、その成果を発信することを使命としています。

❷ 当校の教育課程

　当校の学校教育目標は、「豊かな人間性をもち、主体的に自立と社会参加を目指し、生涯にわたって自己の生き方を探求していく人間を育成する」、一言で言えば「生き方探求」です。この実現に向け小学部、中学部、高等部と段階的・発展的に教育活動を展開しています。

　本校では準ずる教育課程が中心となっており、小学校、中学校、高等学校の各教科、道徳等に、自立活動を加えて教育課程を編成しています。

　施設併設学級では、在籍する児童生徒の発達段階は多様であり、また手術や訓練を目的としての短期入院、養護を目的とする長期在園等があり、在籍する期間も様々になります。その中で一人一人の能力を伸張すべく、多様な教育課程を編成しています。

❸ 当校の自立活動 ⋯⋯⋯⋯⋯⋯⋯⋯⋯⋯⋯⋯⋯⋯⋯⋯⋯⋯⋯⋯

（1）個別の指導計画に関わる問題点

　自立活動の指導は、障害による学習上又は生活上の困難の改善・克服を目指して行われます。障害の種類・状態等は一人一人によって異なることから、「個別の指導計画」を立てることが必要となります。そして指導実践を通じた児童生徒の様子・変容から計画を練り直し、よりよい指導に改善を図ることが求められます。個別の指導計画の作成・運用を行う目的は、こうした一人一人の教育的ニーズを踏まえたきめ細やかな指導・授業づくりを追求することにあります。

　個別の指導計画については、国が定めた様式はありません。一人一人の教育的ニーズに応えていけるよう、各学校において個別の指導計画に盛り込むべき事項を定めてよいとされています。最も効率が上がるよう、個別の指導計画の作成・運用の手続きを創意工夫する必要があります。

　当校では平成 23 年度から、自立活動プロジェクトを校内組織に構築し、校内の自立活動の専門性向上に向けた取り組みを行っています。その一つとして、個別の指導計画の作成・運用のよりよい在り方を検討してきています。図 1 は個別の指導計画の問題点を整理したものです。

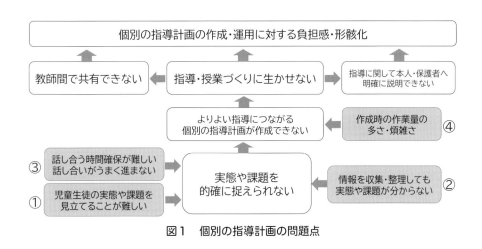

図1　個別の指導計画の問題点

①　実態や課題を見立てることが難しい

　一人一人の教育的ニーズに応えられる個別の指導計画を作成するためには、まずは児童生徒の実態や課題を的確に捉えていくことが必要です。そのためには、児童生徒が現す様々な障害の状態に応じて、実態や課題を見立てることができる教師の力量が欠かせません。昨今の、ベテラン教師の大量退職、若手教師の大量採用により、これまで日常的に行われてきた先輩教師から若手教師への知識・技能の伝承が難しい状況の中で、いかにして個々

の教師の力量を上げていくかが問われています。

② 情報を収集・整理しても実態や課題が分からない

情報を収集・整理する方法には、学習指導要領解説自立活動編で示されている「流れ図」の手続きや、付箋を活用する「カード整理法」等があります。しかし、こうした方法を手順通りに実施しても、実態や課題がよく分からないという意見があります。

大切なことは、手続きによって整理した児童生徒の情報から、「どうして難しいのか（困難の背景要因）」、「どうすればできるようになるか（指導仮説）」を、いかにして思考・発想していけるかということです。思考・発想するためには、①に挙げた教師の力量が影響することのほかに、教師一人一人の思考・発想を引き出し、収束させる役割を果たすコーディネーターの存在が重要となります（カード整理法の詳細については、本シリーズ第1巻参照）。

③ 教師間で話し合う時間確保が難しい・話し合いがうまく進まない

児童生徒の現す姿は場面によって様々であり、個々の教師の捉えは各々で異なってくると考えられます。そこで、複数人の教師で情報を出し合い整理していくことで、的確に実態や課題を捉えていくことが大切です。しかし、様々な校務・会議がある中でいかに時間を捻出し、必要な時期に十分時間をかけられるようにするか問われてきます。

複数人で情報を出し合う際にはメリットだけではなく、意見を言い出しにくい、経験のある教師の意見に同調する傾向がある等のデメリットがあることに留意する必要があります。各教師が有する子供の見方や実践的知識を生かし、「どうして難しいのか（困難の背景要因）」、「どうすればできるようになるか（指導仮説）」を思考・発想し合い、共通理解を図れる話し合いの進め方が求められます。

また、妥当性を求めるあまり、話し合いに時間をかけすぎることにも気をつける必要があります。当初の実態把握や課題設定をまずは仮説と捉え、授業を通じて見られた児童生徒の様子から、修正を図り精度を高めていこうと心がけることで、話し合いにかける時間負担を軽くできます。これは、個別の指導計画のPDCAサイクルを回すうえでも重要です。

④ 作成時の作業量の多さ・煩雑さ

実態や課題を的確に捉えて必要な指導を構想し、それを個別の指導計画の項目欄に記載し書類として作成していきます。作成時は、児童生徒に関わる様々な情報をまとめていくため、ある程度の時間がかかることにはなります。作成のために必要な時間確保や、分かりやすく作成手順等を示す等の効率化が大切となります。また、作成した計画は教師間でうまく共有化を図り日常の指導に生かせるよう、校内での保存場所を明確にし、必要なときに確認・修正ができるようにすることが大切です。

上記四つの問題点が改善されないと、個別の指導計画を作成しても、児童生徒にどのような力をつけたいか、そのためにどのような指導を行うかが不明確となり、指導・授業づ

くりに対して不安となり自信がもてないことになってしまいます。また、教師間で指導方針を共有できず、学校生活の様々な場面において、関わる教師が一貫性のある指導を行うことにつながりません。意図的な指導を展開することができず、児童生徒の成長や変容を実感することが難しくなってしまいます。

　指導に関する説明の論理的な明解さが、本人・保護者と共通理解を図る上で重要です。指導の必要性を理解できると、本人は主体的に学びを進めるきっかけとなります。また、保護者から、家庭での支援協力を得ることにつながります。しかし、指導の根拠などが不明確では、本人・保護者へ指導方針や指導経過を説明することができず、連携を図ることにつながりません。

　以上のことから、個別の指導計画は作成するものの、児童生徒の成長や変容を実感することができないということに陥ってしまうことがあります。一人一人の教育的ニーズを踏まえたきめ細やかな指導・授業づくりを実現する本来の目的は達成できず、書類を作成するという多忙感・義務感だけが強化されてしまいます。それでは、単なる書類づくりとして形骸化を招くことになってしまいます。

（2）個別の指導計画のよりよい在り方を目指して

　上記の問題点を解決するための取り組みの一つとして、当校では「個別の指導計画ガイドブック」（写真1）を作成し、令和3年度より運用を始めています。ガイドブックには、一人一人の教育的ニーズに応えるための個別の指導計画の在り方をはじめ、各書式の作成時の留意事項、作成の担当者やスケジュールの明示、保存方法等、作業に関わる手順を掲載しています。また、教師間で実態や課題を検討する方法の一つである

写真1　「個別の指導計画ガイドブック」

「カード整理法」について、その実施上の留意点や手続きを示し、ケース会で円滑な話し合いが進められること目指しています。実践を通じてガイドブックは更新し、よりよいものにしていきます。

　では、ガイドブックの内容から、当校の個別の指導計画の在り方（図2）を説明します。

①　個別の指導計画のコアとなる部分を共有する

　児童生徒の様々な情報の中から、各授業づくりに必要な情報を焦点化した項目として、「個別の指導計画のコアとなる部分（以下、コアとなる部分）」を設けています。コアとなる部分とは、「実態把握（困難さの背景にある要因、在籍学部卒業時に目指す姿）」「指導すべき課題の明確化」「手立て・配慮」の3項目からなります。

　コアとなる部分は、ケース会でカード整理法を用いて作成します。出された付箋から情報を整理する中で、困難の背景要因や課題（今年度つけたい力）を思考・発想していきま

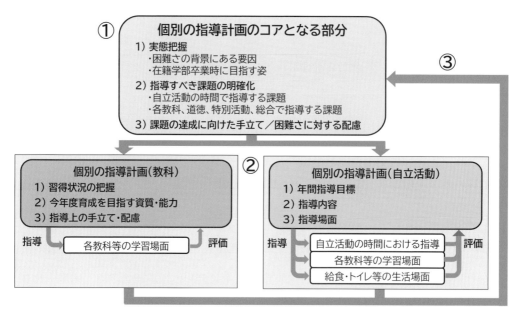

図2　当校における個別の指導計画の在り方

す。一連の過程を教師間で検討し共通理解を図ることで、児童生徒一人一人の教育的ニーズを踏まえた一貫性のある指導を行うことを目指しています。

② 個別の指導計画のコアとなる部分を踏まえて各授業を計画・実践・評価する

コアとなる部分を踏まえ、各授業担当者が授業づくりに生かしていきます。コアとなる部分で検討した「指導すべき課題」は、指導する場面や目指す達成状況等を検討し、自立活動の指導として具体化します。これを個別の指導計画（自立活動）にまとめ、学校生活における様々な指導場面で、関わる指導者が自立活動の指導を実践することにつなげていきます。

また、コアとなる部分は教科指導にもつながります。「在籍学部卒業時に目指す姿」の実現に向けて、在学期間を見越し、当該教科でどのような資質・能力を育成するかを検討します。また、「困難の背景にある要因」を踏まえた「配慮」を参考にして、学習場面で生じる困難さに対して、具体的な関わり方を検討します。これを個別の指導計画（教科）にまとめていきます。

このようにして立案した計画をもとに、実際に指導を行っていきます。指導を通じた児童生徒の様子から、計画を見直していきます。こうした一連のPDCAサイクルを回す中で、一人一人の教育的ニーズを踏まえたきめ細やかな指導・授業改善を図っていきます。

③ 各授業での様子から個別の指導計画のコアとなる部分の評価・改善を図る

各授業での様子を踏まえてコアとなる部分を評価・改善します。コアとなる部分が更新されていくことで、指導・授業づくりへの引き継ぎ事項を整理します。

　また、学年が進む中で生じてくる、障害の状態の変化や希望する進路の具体化等に応じて、必要な指導を再検討できるよう、コアとなる部分は3年をスパンとして、小1、小4、中1、高1の各時点で新たに作成するようにしています。

❹ 自立活動の指導の実践 ………………………………………

　コアとなる部分から自立活動の指導への展開について紹介します。事例は本校高等部の準ずる教育課程に在籍する生徒です。

（1）コアとなる部分

① 実態把握

　対象生徒の現在の様子として、進行性の病気により身体機能が低下することから、食事や睡眠等の生活習慣に困難さが見られます。心身の不調が続き、欠席が多く見られています。一人でできないことが多いものの、他者から介助を受けることに対して抵抗感をもっています。学習場面では筆圧の弱さや側弯による姿勢の崩れといった運動・動作面の困難さや、問いに対して熟考せず、自分の考えを広げたり深めたりできていない様子がありました。

　なぜこうした様子であるのか、その背景要因を考えます。高等部入学までは、地域の小・中学校に在籍していました。本人の運動機能の制限に加えて、小・中学校でのペースの早さという環境要因も重なり、じっくり考えたり試行錯誤したりする機会を十分もてず、自己の心身の状態を気にかける余裕がなかったのではないかと考えました。また、仲間の中で車いす使用者は本人だけで、常に介助を受ける立場にあることから、心理的な不安感を抱き、他者との関係づくりに影響を与えていたのではと考えました。

　高等部卒業時に目指す姿をイメージすることで、指導の方向性を共有します。高等部卒業後の生活を豊かにしていくためには、自己の生き方を自らの意思で決められること、障害によって生じる困難さに対して、自分ができる工夫をしたり必要な配慮を自ら求めたりできることが重要だと考えました。そこから、他者の力をうまく借りながらよりよく過ごせるようになることや、仲間と関わる中で視野を広げ、自分のやりたいことを見つけていけるようになることを、目指す姿としてイメージしました。

② 指導すべき課題の明確化

　実態把握を踏まえ、課題（今年度つけたい力）を考えます。対象生徒の課題として、「身体や呼吸機能がよりよく動くことを感じられるようになること」「他者から介助を受けることに対して、安心して関わることができるようになること」「健康に過ごせるような習慣や方法を実践することができるようになること」「自分で試行錯誤しながら行動し、できることを増やしたり何が難しいかを理解できるようになること」「自分のできることを生かして他者と関わったり、困ったときに他者へ依頼できるようになること」を挙げまし

た。

　これらの課題達成に向け、学校の教育活動全体を通じてどのような場面で指導していくかを検討します。課題相互の関連性（図3）から、下層に位置する課題はすべての課題が達成していくための起点となる部分と考え、時間を確保して指導したいと判断しました。

　また、対象生徒の自立活動の時間は週1時間の設定です。上層に位置する課題も時間をかけて指導したいところですが、週1時間の授業の中で指導できる範囲を検討することが必要です。こうしたことから、「身体や呼吸機能がよりよく動くことを感じられるようになること」「他者から介助を受けることに対して、安心して関わることができるようになること」の二つの課題を、自立活動の時間で指導することとしました。そして、その他の課題は、各教科等の学習場面やトイレ・給食等の生活場面において指導することとしました。

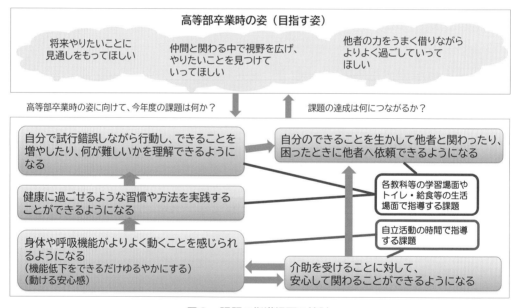

図3　課題の指導場面の検討

（2）自立活動の指導への展開

　コアとなる部分で検討した課題を踏まえ、具体的な自立活動の指導を計画していきます。まずは年間指導目標を設定します。指導を通じて年度末に実現していてほしい姿を考えますが、その際、評価につなげられるよう、観察可能で具体性があることを心がけます。

　次は、年間指導目標を達成するための指導内容を検討します。自立活動の6区分27項目の内容から、指導目標を達成するために必要な項目を選定し、具体的な指導内容を考えます。

　そして、指導の時間・場面を検討します。自立活動の時間における指導が週2単位時間

以上ある場合は、何曜日にどのような指導目標・指導内容を行うのかを検討します。また、学習・生活場面における自立活動の指導においては、どのような場面で指導を行うことが効果的かを検討します。その際、教科の目標の達成を損なうことなく指導することや、学習・生活の流れに沿うことで日々積み重ねながら指導できるよさを生かすことを心がけます。

　こうした検討を経て、個別の指導計画（自立活動）を作成しまとめていきます（表1）。自立活動の時間における指導の担当者、各教科の担当者、給食・トイレ場面等の生活場面で関わる教師が、それぞれの場面でどのような指導を行うのかを示しています。計画を踏まえて、各教師がそれぞれの場面で指導を行うことで、学校の教育活動全体を通じて自立活動の指導を実践することにつなげていきます。

表1　個別の指導計画（自立活動）

自立活動の時間で指導する課題		教科の学習場面やトイレ・給食等の生活場面で指導する課題		
課題①	課題②	課題①	課題②	課題③
身体や呼吸機能がよりよく動くことを感じられるようになる。（機能低下をゆるやかにする）（動ける安心感）	介助を受けることに対して安心して関わることができるようになる。	健康に過ごせるような習慣や方法を実践することができるようになる。	自分で試行錯誤しながら行動し、できることを増やしたり何が難しいかを理解できるようになる。	自分のできることを生かして他者と関わったり困ったときに他者へ依頼できるようになる。
↓	↓	↓	↓	↓
年間指導目標①	年間指導目標②	年間指導目標①	年間指導目標②	
腰、背中、首まわりのかたさをリラックスさせ、その変化を実感することができるようにする。	仰向けから側臥位になるとき、ゆっくりした動きの中で、教師と合わせて動くことができるようにする。	休憩時間に補食をすることや車いすから降りて体を休めることに、自ら取り組むことができるようにする。	自分に適したトイレ介助の方法等を考え、その方法を教師へ分かりやすく説明することができるようにする。	
↓	↓	↓	↓	
指導内容①	指導内容②	指導内容①	指導内容②	
○指導前後の姿勢や動きの状態の違いを言語化する。○教員が腹や背中に触れ、その部分を意識して深い呼吸をする。○教師と一緒に手足や体幹を動かす。○教師の支援を受けつつ自分でバランスをとりながら座る。		○食事・休養の在り方と自己の体調との関係を考える。○補食や休憩の仕方や留意点を理解する。	○自分に適したトイレ介助の手順表をまとめる。○より分かりやすく伝わる介助依頼の説明の仕方を考える。	
↓	↓	↓	↓	
選定した区分・項目		選定した区分・項目	選定した区分・項目	
【身】姿勢と運動・動作の基本的技能【環】保有する感覚の活用【心】情緒の安定【健】健康状態の維持・改善		【健】生活リズムや生活習慣の形成【健】健康状態の維持・改善	【健】障害の状態の理解と生活環境の調整【心】障害による学習上又は生活上の困難を改善・克服する意欲	
↓		↓	↓	
金曜日　1時間目		学習場面　保健・家庭科　生活場面　休憩時間	学習場面　全ての教科・進路指導　生活場面　トイレ	

❺ 自立活動に関する研修

（1）校内研修「指導法に関する研修」

　児童生徒の実態や課題を捉えるための知識や視点がもてていなければ、自ら指導を考えて実践することが難しく、「どうすればよいか分からない」という不安を抱いてしまいます。特に、自立活動の指導をはじめて担当する教師は不安を感じやすくなります。

そこで当校では、校内研修の一つとして「指導法研修」を設定しています。この研修では、「障害による学習上又は生活上の困難を捉えるための視点」と「児童生徒への具体的な関わり方」を学んでいきます。各指導法が有する子供の見方・関わり方を学ぶことで、自分なりに実態や課題を考えられるようになることが目的です。当校では、自立活動の指導法として長年、校内で実践研究が重ねられてきている「動作法」「静的弛緩誘導法」「知覚－運動学習」の指導法を中心に学ぶ機会を設けています。

　研修を通じて学んだことを生かして、自分なりに実態や課題を考えながら指導実践を重ねていくことで、ケース会においては、自分の考えを伝えたり他の教師との情報交換により考えが広がったり深まったりする教師の変化が生じてきます。それにより、関わる教師がチームとして子供を多角的に捉え、的確な実態把握や指導すべき課題を明確にすることにつながっていきます。

（2）自立活動実践セミナー「個別の指導計画に関する研修」

　当校では、全国の先生方が自立活動を学べる研修の場として、自立活動実践セミナーを開催しています。上記の「動作法」等の指導法に関する講義・実技研修のほかに、「個別の指導計画に基づく授業づくりの在り方」という、個別の指導計画に関する研修コースを設けてきました。そこでは、自立活動と各教科等の授業を有機的に関連させ、より効果的な指導を行うための核となる個別の指導計画の考え方や具体的な作成・運用の仕方を、講義や演習を通して学べるようにしてきました。

　新型コロナウイルス感染症対策として、令和２年度からはオンライン形式での開催としています。これまでのように演習・実技を実施することが難しい状況であることから内容を精査し、自立活動や個別の指導計画への理解促進につながる構成としています。

　一方で、オンライン形式には、移動にかかる費用と時間の負担がなく、インターネット環境があればどこからでも参加できるよさがあります。教師をはじめ全国各地の多くの関係者と共に学び合える大きな可能性を感じています。

❻ その他 ‥‥‥‥‥‥‥‥‥‥‥‥‥‥‥‥‥‥‥‥‥‥‥‥‥‥‥‥‥‥‥‥‥‥‥‥‥

　個別の指導計画については、国が定めた様式はありません。各学校の状況に合わせて、最も効率が上がるよう、個別の指導計画の作成・運用の手続きを創意工夫する必要があります。このことは同時に、実践を通じて手続き上の妥当性や問題点を捉え、改善を図っていく各校の主体性が重要になることを意味しています。

　当校では、年度末に校内の全教師を対象に、個別の指導計画の作成・運用に関するアンケート調査を実施しています（図４）。その結果から、個別の指導計画の作成・運用の質的な向上を図ることを目指しています。

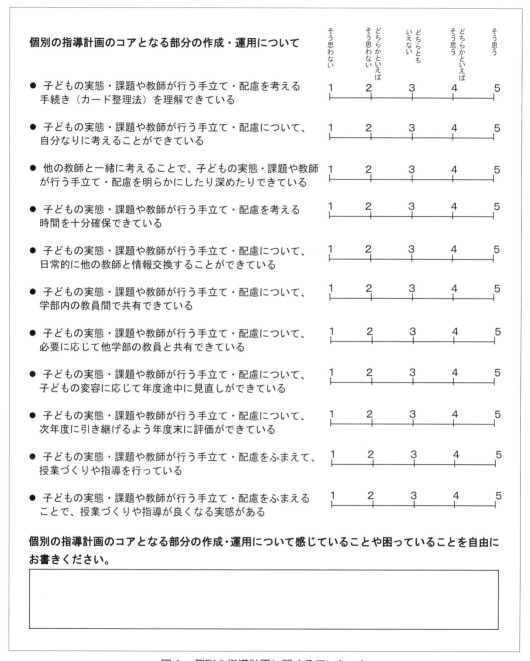

図4　個別の指導計画に関するアンケート

　令和2年度のアンケート結果の一部を紹介します（図5）。「子どもの実態・課題や教師が行う手立て・配慮について、自分なりに考えることができている」「他の教師と一緒に考えることで、子どもの実態・課題や教師が行う手立て・配慮を明らかにしたり深めたりできている」「子どもの実態・課題や教師が行う手立て・配慮をふまえることで、授業づ

くりや指導が良くなる実感がある」の項目では、全体的に良い実感を得ている傾向が見られました。実態や課題を捉えられる知識や視点を学び、それを生かして他の教師と情報交換しながら検討することによって、よりよい指導・授業づくりにつながる実感を得ていることから、当校の個別の指導計画の作成・運用の在り方は一定の評価が得られていることが確認できています。

　一方で、「時間を十分確保できている」という項目については、全体的に良い実感を得られていないことが分かりました。アンケートの自由記述も参照しながらその要因を分析し、次年度の個別の指導計画の作成・運用の改善を図る必要があると考えています。

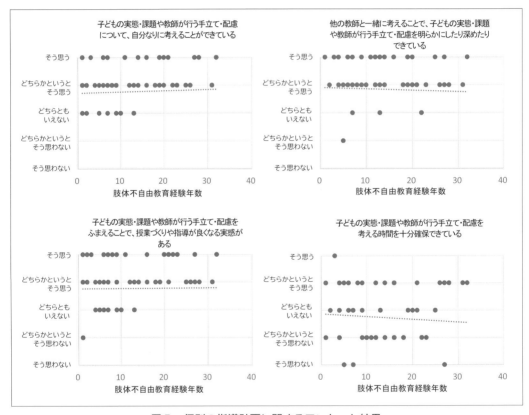

図5　個別の指導計画に関するアンケート結果

第 **2** 節

鳥取県立皆生養護学校の自立活動の指導

連携図を活用した実践

鳥取県立皆生養護学校　野口　明紀

❶ 本校について

　鳥取県立皆生養護学校（以下、「本校」）は鳥取県の西部に位置する創立57年の特別支援学校です（写真1）。肢体不自由教育の養護学校として開校しましたが、平成26年に高等部、平成30年に小学部と中学部に病弱教育部門を設置しました。肢体不自由と病弱の併置校となっていますが、障害種

写真1　県立総合療育センターが隣接し、校舎の500m前には日本海が広がる

ごとに分かれておらず同じ教室で一緒に学習しています。

　本校は、肢体不自由教育において幼稚部を設置している全国でも数少ない学校です。幼稚部、小学部、中学部、高等部があり、令和3年5月1日現在で65名の幼児児童生徒が在籍しています。その中でも、障害の状態が肢体不自由または病弱のみとなる単一障害学級の人数は全校の約1割となっており、肢体不自由と知的障害、病弱と知的障害など、複数の障害がある重複障害学級の人数が約9割となっています。

　近年は障害の重度・重複化が進んでおり、医療と密接な連携が必要となる幼児児童生徒が増えています。本校の約5割が痰の吸引や人工呼吸器の管理等の医療的ケアを必要としており、日常的に体調に留意しながら学習する必要がある幼児児童生徒が多い状況です。本校が位置する鳥取県西部は在宅医療の進展により、重度の障害がある子供も自宅で過ごし、地域社会とつながりながら生活しています。社会とのつながりをより意識した教育が必要になってきています。

❷ 本校の教育課程 ···

　本校の幼稚部は、４歳児と５歳児それぞれに単一障害学級と重複障害学級があり、保育と自立活動で教育内容を設定します。

　小学部、中学部、高等部には、表１のとおり、大きく分けて、単一障害学級、重複障害学級、訪問学級の三つの教育課程があります。重複障害学級の教育課程はさらに四つに分かれており、児童生徒の障害や発達の状態に応じた教育課程で学習することができるようになっています。

表１　本校の教育課程の概要

単一障害学級		小・中学部では小・中学校の各学年に準じた学習を進めます。児童生徒の実態に応じて下学年の目標及び内容を扱うこともあります。高等部についてはコース制となっています。
重複障害学級	Ⅰ型	教科別の学習と各教科等を合わせた指導、自立活動などで学習を進めます。Ⅱ型より、教科別の学習の時間数が多くなります。
	Ⅱ型	教科別の学習と各教科等を合わせた指導、自立活動などで学習を進めます。
	Ⅲ型A	自立活動を中心に、実態に応じて教科別の学習と各教科等を合わせた指導などで学習を進めます。
	Ⅲ型B	自立活動を中心に、実態に応じて教科別の学習と各教科等を合わせた指導などで学習を進めます。医療的ケアを行ったり、見守りの時間を確保したりしながら、体調を整えた上で学習を行います。
訪問学級		週４回（訪問授業３回、スクーリング１回をめどに）まで、１回２時間程度の訪問を通して、自立活動を中心に学習を進めます。

　単一障害学級では小学校、中学校、高等学校と同じ内容の教科・領域を学習しており、自立活動の時間における指導も設定されています。１週間の時間割に必ず自立活動の時間があります。

　重複障害学級と訪問学級では知的障害の各教科を学習しており、自立活動は、自立活動の時間における指導と各教科等を合わせた指導（生活単元学習や日常生活指導等）として設定されています。１週間の時間割で見ると、自立活動の時間と、各教科等を合わせた指導の中で、自立活動を学習していることになります。

　また、重複障害学級の教育課程では、給食の時間に自立活動が設定されています。本校に通学する幼児児童生徒は肢体不自由や病気による経験の不足等から、食べることに困難さがあることが多く見られます。そこで、食べ物を食べたり飲みこんだりする力が改善されるように自立活動として摂食指導を行い、おいしく安全に食事を楽しむことができるように取り組んでいます。

❸ 本校の自立活動 ···

（1）自立活動の指導に関する考え方、方針

　本校では異動してくる新任者のために、「はじめての自立活動」という研修教材を準備しています。その中に、本校の自立活動に関する考え方を示していますので、図1に抜粋して紹介します。

1　自立活動とは？

　特別支援学校では、幼稚園、小学校、中学校、高等学校と同様に、学校の教育活動全体を通じて、子どもたちの人間として調和のとれた育成を目指しています。しかし、障がいのある子どもたちの場合は、その障がいによって、日常生活や学習場面において様々なつまずきや困難さが生じることから、生活年齢に即して系統的・段階的に教育するだけでは十分といえません。このため、各教科等のほかに、<u>特に「自立活動」の領域を設定</u>し、発達の基盤に着目して指導を行うことによって、各教科等において育まれる資質・能力を支える役割を担っています。

2　自立活動の位置づけ

　ちょっと難しい話になりますが、学校教育法第72条を見ると、特別支援学校の設置目的として次のように書かれています。

> 　特別支援学校は、視覚障害者、聴覚障害者、知的障害者、肢体不自由者又は病弱者（身体虚弱者を含む。以下同じ。）に対して、幼稚園、小学校、中学校又は高等学校に準ずる教育を施すとともに、**障害による学習又は生活上の困難を克服し自立を図るために必要な知識技能を授ける**ことを目的とする。
>
> <学校教育法第72条>

　前段の「準ずる教育」の部分は各教科、領域（外国語活動、総合的な学習の時間、特別活動など）の指導にあたります。波線の部分が、「自立活動」の指導を中心として行われるものにあたります。
　「自立活動」は、特別支援学校の教育課程において、特別に設けられた指導領域です。<u>自立活動は、「自立活動の時間における指導」</u>を中心に、<u>学校の教育活動全体を通じて行うものです。</u>ですから、特別支援学校では自立活動を誰もが指導することになるのです。

図1　「はじめての自立活動」（鳥取県立皆生養護学校）より抜粋

　図1に記載のとおり、本校ではすべての幼児児童生徒に自立活動の指導を行うことを共通理解しています。当たり前のように思われがちですが、なぜ自立活動が必要なのか、自立活動と教科は役割が違うこと、誰もが自立活動の指導に関わっていることを意識していきます。

　自立活動の指導については「肢体不自由だから○○をする」「病弱だから△△をする」ということではなく、個々の困難さから指導の目標や内容を考えるようにしています。特に、表面的な困難さだけを捉えるのではなく、幼児児童生徒の姿として表れている水面下にある課題にアプローチしたいと考えています。第1章の図5で紹介されている氷山モデ

ルのイメージです。表面的な困難さは同じように見えても、その原因や背景は一人一人異なるため、指導すべき課題を探りながら指導の目標と内容を設定していきたいと考えています。

（2）自立活動の指導組織

　本校では、業務を分担して推進できるように、教務部や支援部といった分掌組織が設けられています。その分掌組織の一つに自立活動部があり、自立活動の指導が充実するように取り組んでいます。前述した「はじめての自立活動」も自立活動部が作成しており、新任者に配付しています。

　自立活動部は各学部に部員がおり、主に次の取り組みを行っています。

- ・自立活動の指導に関するアドバイス　・自立活動の指導に関する様式作成
- ・自立活動に関する研修会の開催　　　・自立活動通信「よいしょ」の発行
- ・クッション等の姿勢保持物品や自立活動に関する教材の管理
- ・大型器具が設置されている自立活動室や屋内プールの管理

本校では、すべての教師が自立活動の指導に携わっています。自立活動部の教師が自立活動の指導に専任で当たるような体制はとっていません。そのため、学校全体で自立活動の指導力向上を目指していく必要があります。一方、自立活動部長は授業時間数を減らしており、全校の自立活動の指導を見て回ることができるようになっています。自立活動の指導について困っているということがあれば、自立活動部長がアドバイスしたり、部員や専門性のある教師につないだりしています。

（3）自立活動の指導の展開

　本校の自立活動の指導に関する年間スケジュールを表2に示します。

表2　本校の自立活動に関する年間スケジュール

時　期	内　容
前年度3月	個別の指導計画検討会（課題の整理と次年度案作成）
4月	個別の指導計画検討会（新年度に指導する教師による内容確認・修正）
5月	参観日（保護者懇談で個別の指導計画について説明）
6月	個を語る会（自立活動と各教科・合わせた指導等との関連の確認）
8〜9月	前期の自立活動の記録作成
	個別の指導計画検討会（指導の評価と後期の指導目標の設定）
9月	参観日（保護者懇談で前期の評価と後期の指導目標について説明）
10月	個を語る会（自立活動と各教科・合わせた指導等との関連の確認）
1〜2月	後期の自立活動の記録作成→指導の評価
	個別の指導計画検討会（今年度の評価）
3月	参観日（保護者懇談で今年度の評価について説明）

　本校では、前年度のうちに個別の指導計画の案を作成することにしています。それは、1年間指導してきた教師で実態を再確認しながら課題を整理して指導の目標と内容の案を立てた方が、より一人一人に合った指導計画が作成できるからです。個別の指導計画は「年間重点目標」「重点目標（半期の目標）」「主な指導場面」「指導内容及び支援」を記載するようになっています。新年度になってから、指導する教師で内容を確認し、指導を始めるようにしています。

　個別の指導計画を作成したり確認したりする時間は、「個別の指導計画検討会」として放課後に設定されています。月の行事予定にも入っていますので、会に向けて資料や映像の準備をして臨みます。本校は一人の幼児児童生徒に対して複数の教師が自立活動の指導に携わるので、チームで指導方針や学習内容を共有する機会になります。

　自立活動は、自立活動の時間における指導だけでなく、各教科等の時間を含む学校生活全般においても関連付けて指導します。本校では一人一人の関連付けを確認する時間として、「個を語る会」を設定しています。その際によく使用されるのが図2の連携図です。個別の指導計画から年間重点目標と重点目標を転記し、主な指導場面に記載されている指導内容及び支援を記載していきます。

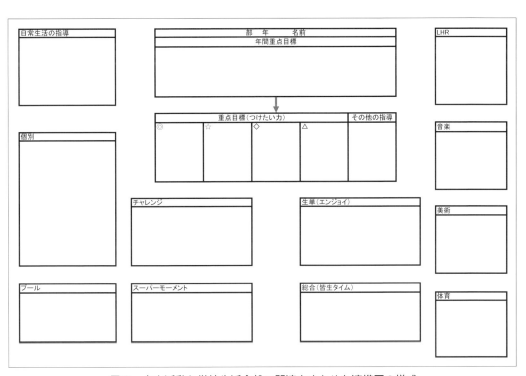

図2　自立活動と学校生活全般の関連をまとめた連携図の様式

第2章　学校事例編

連携図は、個別の指導計画の目標と各教科等の時間を含む学校生活全般とのつながりを明確化するためのツールです。連携図を作成することで、自立活動の目標と授業の関連を明らかにすることができます。一つの目標に関連する内容には、行頭に同じ記号を付けるようにしています。そうすることで、どの学習にどのような指導内容があるのか整理しています。

　教科の時間は教科の目標で学習していますが、自立活動で指導している内容との関連を考えながら支援を整理することができます。例えば、体幹を保持することが困難なために上肢のコントロールが難しく、音楽の時間に楽器を鳴らすことができない児童がいるとします。自立活動では左腕で身体を支えて右手で簡単な操作ができることに取り組んでいるならば、同じような設定で支援をしていけば、楽器を鳴らして演奏に参加できるかもしれません。ただし、腕を動かすことにかなりの努力が必要であれば、そちらにばかり意識が向かい、音楽の資質・能力を育むことが二の次になってしまうかもしれません。音楽をしているのか自立活動をしているのか分からなくならないように、話し合っていく機会になります。教科等の学習の充実を図るためにも自立活動の視点を整理することで、それぞれの学習の成果が十分に発揮できるようになると考えます。

　前述のとおり、本校ではチームで指導していきます。連携図を活用することで、関係する教師が各学習でやっていることをお互いに知り、共有化することでチームの共通理解を図って指導・支援に当たることができます。また、一つ一つの学習のみで完結するのではなく、全体像を俯瞰することができるようになっています。

❹ 自立活動の指導の実践 ……………………………………………………………

　小学部のAさんの連携図を使用した事例を紹介します。

　Aさんは運動障害、知的障害の診断がある児童で、重複障害学級Ⅲ型Aの教育課程で学習しています。興味のある物を両手で顔の正面に持っていき、そのまま保持して眺めることが好きです。かばんから巾着を取り出したり、教室のドアを開け閉めしたりすることはできるのですが、力の調整が困難で腕を勢いよく動かすことがよく見られました。微細な方向の調整や物に合わせた操作ができるようになると、生活の中でできることが増えるだけでなく、各教科等を合わせた指導でも自分で操作する学習が深まるのではないかと考えました。

　図3はAさんの連携図です。個別の指導計画から目標等を転記しています。本校では、重点目標以外にも意識して取り組むことで困難さの改善が見込める内容について、「その他の指導」として挙げています。

年間重点目標
○自分の力を調節しながら、ゆっくりと物を動かしたり、両手を使って操作したりすることができる。

重点目標（つけたい力）	その他の指導
○ゆっくり腕を動かして物を積んだり引っ張ったりすることができる。	□選択場面で指さしを用いて応えたり、教師の指さしに応じて物を入れたりする。 △口唇や舌を動かしたり、呼気と吸気を調整したりする活動に取り組む。 ☆活動に合わせた座位姿勢保持や足の裏に力を入れた立位姿勢保持、歩行器を使った歩行などに取り組む。

自立活動（チャレンジ）	自立活動（6時間目）	生活単元学習
○力を調節しながら仰向けでキャスターボードに乗り、ロープをたぐり寄せて前進する。 ☆足の裏に力を入れ、立位で身体の上にあるボールを取る。	○両手を使って車いすをゆっくり動かす。 □行く先を3枚の写真カードから指さしで応える。	○持ったものをゆっくり積んだり、落ちないよう調整して積んだりする。 □活動のスケジュールや教師の声掛けに応じて活動する。

日常生活の指導	こくさんじかつ【合わせた指導】	給食
□教師の指さしに応じ、連絡帳袋、給食セット、タオルをそれぞれのかごに入れる。	○スライディングブロック等の教材で、力を調節しながらゆっくりと抜いたり落としたりする。	△レンゲで水分を摂取する際に、口をすぼめて飲む。

図3 Aさんの連携図（一部抜粋）

（1）自立活動の時間

　自立活動の時間の指導は、継続的に取り組むために月曜日から金曜日の4時間目に設定されたり、自立活動室が使用できる時間などに設定されたりしています。図3で「自立活動（チャレンジ）」と記載されている時間は、自立活動室が使用できる時間になっています。この時間には様々な器具が使用

写真2 ロープを使った学習

できるため、教室近辺では設定しにくい活動ができます。写真2は、Aさんがキャスターボードに仰向けになり、手が届く高さに張ってあるロープを引き寄せて進んでいる写真です。指導を始めた頃は両手でロープをつかんで勢いよく動かしていましたが、次第に片手ずつ握ってゆっくりと引き寄せるような動きをするようになりました。

写真3は「自立活動（6時間目）」の写真です。週に2回しかない時間ですが、写真を使って行き先を選択し、車いすで進んでいく時間は、Aさんが好きな時間の一つです。腕を大きく動かして一気に進むこともありますが、人が近づいてくると調整してゆっくりにしたり、エレベーターに乗るために少しずつ向きを調整したりすることができました。

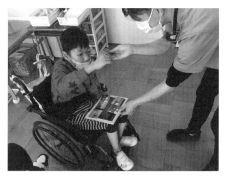

写真3　行き先を選択する学習

（2）各教科等を合わせた指導

　写真4は、本校独自の各教科等を合わせた指導「こく・さん・じかつ」の様子です。これは重複障害学級Ⅲ型で設定している指導形態で、国語と算数の1段階初期の内容を中心に自立活動の内容と関連付けながら学習しています。図3の「こくさんじかつ【合わせた指導】」という欄には、「こく・さん・じかつ」の中で扱う自立活動の指導内容が記載されています。写真4では柱状の木の上で、平らな円盤を動かして手前側にある穴にはめようとしています。この教材を使い始めた頃は円盤をよく落としていましたが、次第によく見て落ちないように指先で調整するようになりました。ゆっくりと動かしていき、危なげなく穴にはめることができると、満足そうな表情で教師に目を向けていました。調整的な動きで目的を達成できることが、実感できていたのではないかと思います。

　写真5は、生活単元学習でいろいろな形の箱を積んだり、崩したりしながら活動している写真です。12月頃の活動ですが、この頃には随分と上肢による調整がうまくなっており、箱の面積が小さい面でもうまく合わせて積むことができるようになっていました。操作がうまくなったことで、積める組み合わせや滑り落ちる組み合わせなど、試行錯誤するようになりました。うまくいったときは自分の目線よりも高く積んで、満足そうに眺めている様子が印象的でした。

　以上、紹介した学習では複数の教師が指導に当たりました。それぞれの教師が連携図で

写真4　円盤を落とさずに動かす学習

写真5　箱を積む学習

関連付けを確認することで、意図を共有した指導をすることができていたと感じます。また、個を語る会で連携図と併せて映像でAさんの姿を共有したことで、より具体的な指導や支援に結びついていきました。

❺ 自立活動に関する研修

（1）新任者の指導力向上のために

　本校では毎年３分の１の教師が異動になります。他の障害種の特別支援学校や小学校等の地域の学校から本校に来た新任者にとっては、車いすの扱い方や身体介助の仕方、肢体不自由や病弱に関する配慮事項など、知っておいた方がよいことがたくさんあります。そこで、新任者オリエンテーションとして自立活動の指導に必要な内容を整理し、研修できるようにしています（表3）。

表3　令和3年度自立活動に関係する新任者オリエンテーションの内容

日　　時	内　　容
4月 6日（火） 9：00～10：00	車いすへの移乗、介助の仕方について
4月12日（月）13：30～14：30	自立活動の目標について
4月15日（木）14：00～15：00	摂食指導の基本について

　新任者にはほかにも知っておいてもらいたいことがたくさんあるため、業務や会議の調整をする教務部がオリエンテーションの内容を取りまとめています。全体のオリエンテーションの半分近くが、自立活動部が担当する内容となっています。新年度が始まる慌ただしい中でも、しっかりと学んで指導に向かう体制となっています。

（2）校内の専門性向上を目指して

　本校では、自立活動部が、研修や通信を通して専門性向上の中核を担っています。自立活動自主研修会や自立活動通信「よいしょ」は、いずれも年間10回程度予定されており、自立活動の考え方や目標設定、具体的な指導などについて学ぶ機会となっています。講師や執筆者は自立活動部員だけでなく、県外の研修に参加したり、参考になる実践を行ったりしている校内の教師に、自立活動部から依頼することもあります。

　令和元年度までは、夏季休業中に自立活動夏季研修会を開催していました。協力していただける幼児児童生徒と保護者に2日間学校に来ていただき、教師がグループを組んで自立活動の指導について検討・実践していきながら研修する場としていました。山陰両県（鳥取・島根県）から講師の先生や参加者を募り、様々な学校の指導の知見を交換する機会にもなっていました。令和2年度から新型コロナウイルス感染症拡大防止のために中止となっていますが、いつの日か再開できることを願っています。

コロナ禍でもやり方を検討して実施した研修もあります。県外から講師の先生に来ていただくことはできなくなりましたが、オンラインを活用して指導をしていただく機会をもつことができました。本書の監修者でもある下山直人先生には研究の指導助言をしていただいていますが、教科と自立活動の考え方や指導について講義もしていただいています。また、別の講師の先生にはオンラインで児童生徒の様子を見ていただき、摂食指導に関するアドバイスをいただく機会もあります。オンラインではありますが、的確な助言をいただき有意義な研修ができています。今後も工夫しながら専門性向上に資する研修をしていきたと考えています。

（3）地域のセンター的機能を担って

本校の役割として、鳥取県西部の肢体不自由教育と中西部の病弱教育のセンター的機能があります。新学習指導要領では、特別支援学級で自立活動の指導を行うことが明記されました。鳥取県では、特別支援学級でも以前から「自立活動の時間」における指導を教育課程に入れる取り組みをしていましたので、大きな変化はないのかもしれませんが、研修のニーズは高まると考えます。本校では支援部が中心になり地域の学校のサポートをしています。自立活動についての相談や研修を行う際には、自立活動部と連携して対応しており、地域の学校の専門性の向上につながるようにしています。

❻ おわりに

「1　本校について」でも書いたとおり、本校の幼児児童生徒は在学中も、卒業後も地域社会とつながりながら生活していきます。一人一人が自分らしく生きていくための基盤を自立活動で身につけていってほしいと願っています。そのためにも、自立活動の専門性の向上を目指しつつ、連携図等を活用した指導の充実を図っていきたいと考えています。

第 **3** 章

実 践 事 例 編

第 **1** 節　自立活動を主とする教育課程

第 **2** 節　知的障害・知的障害代替の教育課程

第 **3** 節　準ずる教育課程

自立活動を主とする教育課程

事例 1 環境の把握・身体の動き・コミュニケーション

人や物との関係性の理解に困難が見られる事例
～触覚や視覚・聴覚の活用、自己の身体の状態への気づきを高めることを目指した指導～

筑波大学附属桐が丘特別支援学校 **杉林 寛仁**

　人や物との関係性の理解に困難が見られる児童に対し、触覚や視覚・聴覚の活用、自己の身体の状態への気づきを高め、因果関係の理解につながる指導を行ったところ、他者からの関わりに対する反応が明確になったり、対象に目を向けたり、意図的に手を動かしたりすることが見られるようになりました。この結果から、触覚から視覚・聴覚の活用、自己の身体の状態への気づきを高めた指導の有効性が示唆されました。

❶ 対象者の実態

　本児は、肢体不自由特別支援学校の小学部第 6 学年に在籍し、自立活動を主とする教育課程で学んでいます。学校に併設された病棟で生活しており、ADL（日常生活動作）については、座位保持機能付き車いすでの介助移動で、食事や着替え、排便排尿等すべての場面で介助が必要です。発作が不定期にありますが、おおむね安定して学校生活を送っています。

　学習時の様子として、近くで言葉がけをすると目をこちらに向けることが見られ始め、関わりに応じて声を出すことが増えてきました。これまでの学習から人との関わりにおいて動きや声などで本児なりのやりとりが育ってきていましたので、活動の際に本児の手に触れたり一緒に動かしたりすることでさらに反応が明確になってきました。また、人の声だけでなく音のする方や触れた対象に目を向ける様子も見られ始めていました。一方で関わりが少なくなると覚醒レベルが下がったり、車いすのヘッドレストや枕などに頭をこすりつける自己刺激が出やすい様子が見られました。身体面では、体幹に右凸の側弯があり姿勢が崩れやすく、姿勢を起こした状態で顔をコントロールすることが難しく、手の動きもわずかに随意的に動かすことができる状態ですので、自分から対象や周囲の様子を見たり、

触って操作したり確かめたりすることは難しい状態でした。したがって、学習や生活場面において見ることや操作することには姿勢や提示するものなどに工夫や配慮が必要でした。

❷ 指導すべき課題 ……………………………………………………………

（1）実態把握（情報収集と整理）

　本児の指導に関わる集団で構成したケース会で年度初めに前年度から引き継いだ情報や授業で見られる観察情報、発達の段階等について実態把握を行いました。

　発達の段階については、前年度までの記録や日常の観察情報に加え、宇佐川（2007）を参考に、当校で発達診断評価法及び発達系統表を作成し、それらを実態把握から指導目標の設定までの手がかりとしました。認知面では、まだ触覚を中心に外界を捉えていますが、触れたものに目が向いたり、特定の人の声や音に動きを止めたり目を動かしたりする様子も見られ始め、触覚と視覚・聴覚がつながり始めている段階と捉えました。コミュニケーション面では、関わりに発声や動きで応答したりする様子が見られるようになってきました。認知面で触覚と視覚・聴覚がつながり始めてきたことと、コミュニケーション面で応答が見られることには、因果関係への気づきという点で関連があると考えられました。一方で、自分で姿勢を調整すること、手の操作の難しさ（身体の動き）が、触感覚の発達（環境の把握）を阻害したり関わる人に目を向けたり手で対象を操作したりすること（環境の把握・人間関係の形成）をしにくくしている背景・要因と捉えました。また、人からの関わりが少なくなったり、姿勢が安定しなかったりすると（身体の動き）と、覚醒が下がったり（健康の保持）、自己刺激的行動（心理的な安定・環境の把握）が出たりしやすいのではないかと考えられました。

（2）指導すべき課題の整理

　本児の課題抽出に向けて、学校教育目標、保護者の願いを含めて長期的な視点から、周りの状況を感じ取り、能動的に人や物に関わることができることを指導の方向性としました。そこで本児の課題を「外界への働きかけの手段を増やしていくこと」「目と手のつながりを高めること」「触感覚や視覚・聴覚を活用する力を高めること」「自己の状態への気づきを促し、手の動きや姿勢をコントロールする力を高めること」としました。

　また、それら課題同士の関連性を整理しました（図1）。触れたものや人の声などの刺激を受け止めるための触覚や視覚・聴覚の活用を促していくことと、姿勢や手の動きを調整していく力を高めることを下支えとして、見たものを手で確かめたり操作したりするなど目と手のつながりをさらに促していくことができるのではないかと考えました。そこで、自立活動において中心的課題を「触感覚や視覚・聴覚を活用する力を高めること」「自己の状態への気づきを促し、手の動きや姿勢をコントロールする力を高めること」としました。

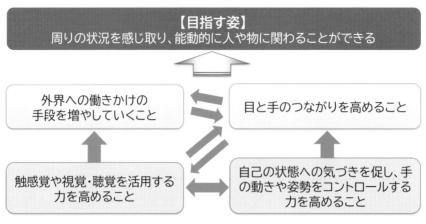

【目指す姿】
周りの状況を感じ取り、能動的に人や物に関わることができる

外界への働きかけの
手段を増やしていくこと

目と手のつながりを高めること

触感覚や視覚・聴覚を活用する
力を高めること

自己の状態への気づきを促し、手
の動きや姿勢をコントロールする
力を高めること

図1　課題関連図

❸ 個別の指導計画 ···

（1）指導目標

本児の中心的な課題を踏まえ、指導目標を以下のように設定しました。

【長期目標】

①関わりに対し、相手を見たり発声や体を動かしたりして応えることができる。

②提示されたものを見て、手を動かして触れることができる。

【短期目標】

①様々な素材に触れ、対象を視覚で捉えることが確実にできる。

②聞きなれた音や音楽に注意を向けたりたり楽しんだりすることができる。

③自己の状態に気づいたり姿勢を調整したりすることができる。

（2）教育活動全般を通した必要な手立て・配慮の設定

本児の目標達成に向け、各教科等を含む教育活動全般を通して必要な手立てや配慮について検討し、以下のように設定しました。

①本児と一緒に活動し、共感的理解を重ねながら進める。

②手を使う場合は、使いやすいポジショニングと教材の位置に配慮する。

③視覚や聴覚の環境を整理する。

④子ども同士の関わりを促す場をつくる。

⑤大きな発作が起きた場合は、呼吸状態を確認し、（併設の）病棟に連絡する。

（3）指導内容・方法

設定した指導目標を踏まえ、自立活動の時間の指導及び各教科等の指導において表1のように指導場面や指導目標・指導内容を設定して取り組みました。

表 1　指導目標・指導内容

	自立活動の時間の指導	各教科等における自立活動の指導
指導目標	・様々な素材に触れ、対象を視覚で捉えることが確実にできる。 ・聞きなれた音や音楽に注意を向けたり楽しんだりすることができる。 ・自己の状態に気づいたり姿勢を調整したりすることができる。	・関わりに対し、相手を見たり発声や体を動かしたりして応えることができる。 ・提示されたものを見て、手を動かして触れることができる。
指導内容	・触覚教材、聴覚教材、運動感覚を活用しやすいスイッチ教材などを用いて、外界の刺激を受容する内容から、外界への働きかけにつなげる内容 ・姿勢を調整したり身体各部位を動かしたりする学習	・教科と合わせた指導の中で、関わりに対し応答したり、対象に注目して手で触れて操作したりするなどの場面を設ける。

（4）授業計画

　表1の指導目標・指導内容を踏まえ、自立活動の時間における年間の授業計画を表2のように立てました。

表 2　年間の授業計画

年間指導目標	・自分の体の状態や動きに気づいて、援助の動きに合わせて動かしたり、姿勢を調整したりすることができる。 ・触覚や聴覚を手がかりに、対象を目で確かめることができる。	
	目　標	内　容
1学期	・関わりに応じた動きをしたり、座位で上体を支える力を入れたりすることができる。 ・教師との関わりを通して、好きな感触のものに触れたり、触れて音が鳴ったときに目で見たりすることができる。	・体幹の揺れを感じる ・手脚の曲げ伸ばし ・腰・背中の動き（ひねり・寝返り） ・座位姿勢の保持（上体への入力） ・温・冷のものに触れて、目を向ける ・鈴・音楽と人の声に目を向ける
2学期	・関わりに応じた動きをしたり、座位で上体を支える力を入れたりすることができる。 ・教師との関わりを通して、目で対象を見て手で触れ、確かめることができる。	・体幹の揺れを感じる ・手脚の曲げ伸ばし ・腰・背中の動き（ひねり・寝返り） ・座位姿勢の保持と操作（上体への入力と手の動き） ・対象に目を向けて触れる（腹臥位） ・鈴・音楽と人の声に目を向ける
3学期	・関わりに応じた動きをしたり、座位で上体を支える力を入れたりしながら、自発的に手を動かすことができる。 ・教師との関わりを通して、目で対象を見て手で触れて確かめ、繰り返し楽しむことができる。	・体幹の揺れを感じる ・手脚の曲げ伸ばし ・腰・背中の動き（ひねり・寝返り） ・座位姿勢の保持と操作（上体への入力と手の動き） ・対象に目を向けて触れる、操作する（腹臥位） ・鈴・音楽と人の声に目を向ける

❹ 指導の経過 ∙∙

（1）自立活動の時間における指導の経過

　1学期は、教師と一緒に体を動かす学習の中で教師に体をあずけたり、動きに気づいて

力を入れたりゆるめたりする様子が見られました。座位を保持する力はまだ明確ではありませんでしたので、2学期も継続することにしました。感覚の活用の面では、本児の親しみのある教材を中心に手で繰り返し触る様子が見られますが、視覚や聴覚とのつながりはまだ弱く、触れたものに目を向ける様子はまだ頻度としては少ない様子でした。

2学期は、教師の援助の動きに合わせて手や脚を動かしたり、援助された座位の中で体を支える力を入れ、周囲をうかがうような様子が見られたりするようになってきました。感覚の活用の面では、温・冷や振動など様々な教材の中で、触れたものによく目を向けるようになってきました。また、探索的な触り方が見られ始め、スイッチ教材などでは、運動感覚を伴う活動の中で対象に目を向ける様子も見られるようになってきました。

3学期には、教師と一緒に手足を動かす中で表情で豊かに表出するようになってきて、教師の援助はあるものの、自分なりに座位を支える力を入れ、手を動かす様子がよく見られるようになりました。また、触れたものを視覚で捉える様子が確実に見られるようになり、いろいろな質感のものに探索的な触り方の広がりが見られるようになりました。光る教材を見つけて触ろうとしたり、親しみのあるスイッチ教材に手を伸ばしたりするなど、視覚が先行して対象に手を伸ばす様子が少しずつ見られるようになってきました。

（2）各教科等における自立活動の指導の経過

自立活動の時間における指導で自己の体への意識と目と手のつながりが明確になってきたという変容に伴って、体育の授業場面では、ボールを目で見て手を動かして落とそうとしたり、朝の会や日常の関わりの中で人の声への反応がより明確になったりする様子が見られるようになりました（写真1）。また、手を使おうとすると不随意で目が離れてしまうなどの次の課題も新たに見えてきました。

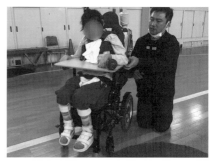

写真1　ボールを目で見て落とそうとする様子

自立活動の時間の指導という整理された環境の中だけでなく、手立て・配慮を伴いながらもより幅広い学習活動の中でも自分で周囲の状況を捉え、自分の気持ちを表現する力が高まってきたと考えられました。

❺ 指導の結果と考察（まとめ）

（1）指導目標に対する評価

【長期目標】

①関わりに対し、相手を見たり発声や体を動かしたりして応えることができる。

→タイミングの良い応答（声や表情）が増えている。

→好きな物、好きなことの表出が明確になってきている。

②提示された物を見て、手を動かして触れることができる。

　→視ることと操作することのつながりが少しずつ見られる。

【短期目標】

①様々な素材に触れ、対象を視覚で捉えることを確実にできるようにする。

　→触れた物、光る物、風の方に目を向けることがしっかりしてきた。

②聞きなれた音や音楽に注意を向けたりたり楽しんだりすることができるようにする。

　→特定の人の声に対する反応が以前より明確になっている（他者への注意と持続）。

③自己の状態に気づいたり姿勢を調整したりすることができる。

　→上肢の動きが活発になっている。→探索や運動、気持ちの表現に使うようになっている。

　→自己の身体への気づきは明確で、教師の援助に合わせてゆるめたり動かしたりできる。表情もよく出る。

　→身長の伸びもあり、姿勢の安定性は横ばい。座面にしっかり座り、上体を起こす力を入れることは上達している。

　→側弯・後弯があるが膠着状態（医師より今後の進行予防が重要とのこと）。

（2）まとめ

　今回の取り組みから、触覚や視覚・聴覚の活用をより高めること、身体の動きや姿勢のコントロールの力を高めることで本児が人や物などの対象と関わる力が広がり、自己をより伝わりやすく表現したり主体的に人や物と関わろうとしたりする意識が育ったと考えられます。また、車いすに座っているときに多く見られた頭をこすりつけるような自己刺激的行動も減少しました。

　次年度に向けて、認知面については、触れることと見ること・聞くことの学習をもとに興味・関心の幅を広げていくことや、簡単な因果関係の気づきを促していくことなどを年間指導目標に反映させていく必要があると思われます。コミュニケーション面では、周囲への発信に一層意味づけをしていくこととやりとりの期待感を高めていくこと、身体面では、体育の場面でもあったように手を使おうとすると不随意運動で目がそれてしまうため、認知を育てるための身体の動きの学習と成長期による側弯などの進行予防など健康の保持と関連させて、指導と環境設定の両面から取り組んでいくことが必要だと考えます。

【引用・参考文献】
宇佐川浩（2007）感覚と運動の高次化から見た子ども理解. 学苑社
日本肢体不自由教育研究会編（2020）自立活動の指導の充実. 日本肢体不自由教育第240巻

他害や自傷行為により、学習に取り組むことが難しい事例

～意図の伝達や快につながる行動の獲得を目指した指導～

愛知県刈谷市立刈谷特別支援学校　白井　圭

他害や自傷行為により、学習に取り組むことが難しい生徒の実態を踏まえ、生徒の具体的な意図を教師に伝えることや快につながる行動の獲得を課題とし、意図を伝えるための教具の操作や定位置に配置した楽器に触れることを中心とした指導を行ったところ、他害や自傷行為の減少が見られました。この結果から、意図の伝達や快につながる行動の獲得は有効であることが分かりました。

❶ 対象者の実態

　高等部第1学年男子のAさんは、視覚障害（全盲）、知的障害、脳性まひを併せ有する重度・重複障害者です。全盲の場合、一般的に聴覚や触覚から情報を得て自分の世界を広げていくことになりますが、Aさんの場合は運動機能にも障害があるため、触察からの情報取得にも困難さがありました。本校への転入時（中学部第2学年）はコミュニケーション方法がなく、警戒心の強さから他害や自傷行為が目立ちました。そのような実態から、Aさんとの関係づくりには時間を要し、転入時から中学部卒業までの2年間、同じ教師がAさんの担任をしてきました。Aさんが車いすを回転させる活動や、音楽を聴く活動を好むことが分かったことから、それらの活動を身振りで要求するサインの定着を目指しました。その結果、身振りで教師に活動要求を伝えられるようになり、安定する時間が増えてきました。

　高等部からは担任が筆者に替わったので、前担任のAさんに対する関わり方を引き継ぎ、要求表現を受け入れてAさんが安定して過ごせる学習を目指してきました。しかし、活動の要求に対してこれまでと同様の働きかけをしたつもりでも、他害行為をしたり、自身の陰部に触れ続けることで教師との関わりを拒絶したりして、学習への取り組みが難しい状況が続きました。イライラしている状態が強いと、車いすの角に自分の後頭部を打ち付ける自傷行為もたびたび見られました。

❷ 指導すべき課題

（1）学習上又は生活上の困難とその背景要因

　前年度までと同様にAさんの要求表現を受け入れているにもかかわらず、教師の働きかけに対して不快感を示すという状態について、高等部でのケース会および部を越えた教師

や外部専門家（刈谷豊田総合病院作業療法士）と連携する形で行われたケース会にて、動画記録をもとにその背景要因を探りました（図1）。

　そこでは、Ａさんの実態的側面から、全盲であることによる楽しみの幅の狭さや、警戒心の強さ、さらに手の過敏による具体物の提示の難しさが、学習上又は生活上の困難さの前提にあると考えました。そして環境的側面から、大きく以下の二つの捉え方をしました。

① 「教師からの働きかけに対して他害や自傷行為をする」ことについて

　他害や自傷行為があった場面では、何か伝えたいことがあったのではないか、という意見が多くありました。例を挙げると、Ａさんの「聴きたい」という要求に対して、教師がＡさんの好みを予想して働きかけた楽器の音や曲が、Ａさんの意図と違っていたことで、不快感の表出につながってしまったのではないかということです。このような経験の蓄積が、自傷行為や陰部に触れる行動など、教師との関わりを拒絶するような行動につながったと捉えることができました。このことにより、Ａさんの具体的な意図を伝えるための手立てを講じて正確に意図が伝わる経験を積むことで、周りへの調整能力が育まれるのではないかと考えました。そのためには教具の必要性がありますが、Ａさんには手の過敏があるため開発に難しさがありました。

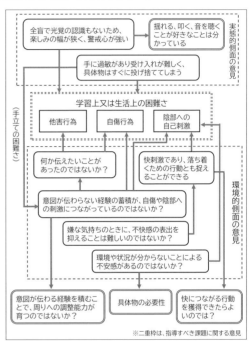

図1　ケース会での発言をもとにした関連図

② 「陰部に触れる行動を止めず教師との関わりを拒絶する」ことについて

　この行動は、環境や状況が分からないことによる不安感の表れであるという見方が多くありました。これは、Ａさんが落ち着くためにする快につながる行動であると捉えることができるため、問題行動ではなく障害による困難さであるという見方が適していると考えました。しかし、学校生活で陰部に触れる行動は、周りの目や衛生面から考えても、そのまま様子見できる行動とは言えません。この行動を阻止するのではなく、むしろ快につながる他の行動を獲得することで、陰部に触れる行動を減少できるようにした方がよいと考えました。

　また、「揺れる、叩く、音を聴く」ことが好きなことが分かっているため、これらの興味・関心が生かせるような学習活動が望ましいと考えました。

（2）指導すべき課題とその関連

　Ａさんの課題として、以下の二つを考えました。

① 活動したいことを具体的に教師に伝えること

例えば、「聴きたい」という要求だったら、どのような音や曲想の曲が聴きたいのか、教師にその具体的な意図を伝える手段を身につける必要があると考えました。

② 快につながる行動を獲得すること

落ち着くためにする陰部に触れる行動については、快につながる他の行動を獲得することで、気持ちを落ち着ける手段を増やす必要があると考えました。

この二つを課題として捉え、図2のような関係であると整理しました。具体的なイメージを伝える課題を中心に据えることで、教師とAさんが意図を共有できる安定した学習を目指しました。そして、快につながる行動を新たに獲得できるように、学習環境を工夫することにしました。これらの行動が習慣化できれば、Aさんは快の状態を維持し、安定した学習の継続につながるのではないかと考えました。

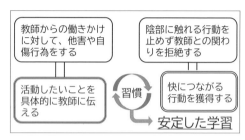
図2　指導すべき課題の整理

❸ 個別の指導計画

（1）指導方針

自立活動及び各教科等の時間において、Aさんから身振りでの活動要求があったときに、具体的な意図を伝えるための教具を準備することで、Aさんがどのような活動にしたいか教師に伝えられるようにしました。

また、Aさんの側には常に快につながる行動を行えるような道具を準備することで、Aさんが自発的に道具に関わり、安心して過ごすことができる環境を整えることにしました。

（2）個別の指導計画

本校の自立活動を主とする教育課程の個別の指導計画は、指導目標の項目ごとに指導内容と手立てを記入します。そこに各教科を含む学習の記録を記入する形式をとっており、実践の評価に応じて指導目標、学習内容や手立てを見つめ直し、さらに追記、更新しながら一人一人の児童生徒に合った指導が行えるようにしています。

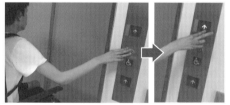
写真1　Aさんのエレベーターのボタン操作

① 活動したいことを具体的に教師に伝えることについて

Aさんが手の感触から活動の具体的なイメージ

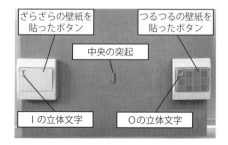
写真2　意図を伝えるための教具

が分かるように、活動の内容を象徴する物に触れることで、自分がやりたい内容を伝える学習を考えました。

　Aさんは物をつかみ、投げ捨ててしまうことが多いため、Aさんのエレベーターのボタン操作（写真１）の行動を手がかりに、写真２のような教具を開発しました。このエレベーターの操作は、中心の鍵穴部分に触れてから上方向に手を動かすのみで上下を選択することはありません。しかし、教具のボタンにAさんの好きな活動を割り当てることで、意図的な操作につながるのではないかと考えました（表１）。

表１　個別の指導計画からの抜粋

指導目標・指導内容・手立て・学習の記録	
○活動したいことを具体的に教師に伝えることができる。	●表面の手触りに違いがあるものを頼りに、自分がやりたいイメージのものを選ぶ。 →表面の凹凸に違いのあるボタンを二つ以上用意して、ボタンを押すことで楽曲や活動を選択できるようにする。

②　快につながる行動を獲得することについて

　Aさんは機嫌のよいときに、手の甲でハンモックやマットを叩く行動（写真３）がありました。これを手がかりにどの姿勢でも側に楽器を配置して、いつでも叩けるようにすることで、快につながる行動を習慣化できるのではないかと考えました。

　また、Aさんは聴覚から周囲の環境を理解するため、楽

写真３　Aさんの快の行動

器の反響音から空間の大きさを感じたり、空間内の自分の位置を把握したりすることが、不安感の解消にもつながるのではないかと考えました（表２）。

表２　個別の指導計画からの抜粋

指導目標・指導内容・手立て・学習の記録	
○快につながる行動を獲得することができる。	●そばにある楽器を叩いたり鳴らしたりすることで、環境を理解して不安感を解消できるようにする。 →車いすに乗った状態や寝転がった状態で、常に定位置に楽器を配置することで、いつでも楽器に関わることができるようにする。

❹ 指導の経過

①　活動したいことを具体的に教師に伝える

　教具の初期操作では、Aさんはボタンを押すのではなく、つかみ取ろうとしました。約１か月半でボタンを押すようになりましたが、まだ意図的な操作とは言えませんでした。

　学級で好きな楽曲を発表したとき（表３）の１回目と２回目の選択場面で、Aさんは下

線部①と②のように、『校歌』とは反対側の右側のボタンを選択しました。ここまでは、右側を選択することが優位な動きの可能性がありました。そこで、3回目の選択場面で、校歌の位置を逆にしました。するとAさんは下線部③のように左側に指を動かし、これまでとは逆の動きを示しました。

　Aさんからリズム遊びの活動要求があったときに、右側のボタンではいつもどおり教師が地声で歌い、左側のボタンではマイクを通してスピーカーの大音量で歌うことで、音の刺激の強さに差をつけて提示しました。Aさんはリズム遊びの要求をするたびに、音の刺激が強い左側のボタンを選択しました（写真4左）。マイクを通した声を聴くAさんからは、笑顔や身体を動かして喜ぶ反応が多く見られました（写真4右）。

　他の教師との学習において、Aさんが車いすの回転の要求をした際に、男性の教師か支援員のどちらと活動したいか教具で伝えました。Aさんは教師の方のボタンを押し（写真5）、ボタンの配置を入れ替えても教師を選択したため、力強く速い回転を求めていることが分かりました。

表3　学級で好きな楽曲を発表した場面

■1回目　右「ゴスペラーズひとり」、左「校歌」
T　中心部分から左右のボタンに触れさせて、それぞれの楽曲の冒頭部分を歌唱する。
A　①中心から触れて、右側のボタンを押す。
■2回目　右「オクラホマミキサー」、左「校歌」
T　1回目と同様の手立てでAに働きかける。
A　②中心から触れて、右側のボタンを押す。
■3回目　右「校歌」、左「We will rock you」
T　同様に働きかけるが、「校歌」を逆にする。
A　③中心から触れて、「校歌」とは反対の左側のボタンを押す。

写真4　学級で好きな楽曲を発表した場面

写真5　他の教師との活動

②　快につながる行動を獲得する

　Aさんの側に楽器を配置したところ、小さな楽器は投げてしまう傾向があったため、大きくて重さのある太鼓を配置しました。そのような環境でAさんが好きな楽曲を流した場面では、楽曲終了後の音の刺激のない時間に、自発的に17回太鼓を叩く姿が見られました（写真6）。

　Aさんが好きなリズム遊びについて、音がよく響く集会室の中で、マイクを通した大音量の声で働きかけた1時間目の場面（表4）では、下線部①のように快の反応が見られました。2時間目に教室に移動すると、Aさんは再び同じ要求をしました。音が小さい地声の歌に下線部②のような物足り

写真6　太鼓を叩くAさん

ない反応を示したものの、不快感を示す行動には至らず、代わりに太鼓を叩く姿が見られました。

Aさんは太鼓が側にある環境に慣れてくると、活動や音楽等の刺激がなくても太鼓を叩く行動が増えてきました。教師が叩き返すと、Aさんは再び太鼓を叩いたり発声をしたりして、そのやりとりは9分20秒続くこともありました。そのときには笑顔が見られました（写真7）。

❺ 指導の結果と考察

（1）指導の結果

① 目標「活動したいことを具体的に教師に伝える」について

学級で好きな楽曲を発表した場面では、3回目に好きな楽曲の割り当てを逆にしても好きな方のボタンを押したことから、好きな方を選択したと推測できました。リズム遊びの要求に対して片方の音量を大きくして刺激を強くしたところ、Aさんは刺激の強い方のボタンを正確に押す姿が見られました。他の教師との学習においても、Aさんは誰と活動をしたいか教具を使って伝えることができていました。いずれも活動中の反応のよさから、活動ごとで好きな方を教師に伝えることができたと考えます。

② 目標「快につながる行動を獲得する」について

Aさんが好きな楽曲を流した場面で楽曲終了後の音の刺激がない時間に、側にある太鼓を自発的に叩く姿が見られました。活動イメージが曖昧になるほど不安感を示す行動につながりやすかったのですが、ここでは安定して過ごすことができたと考えます。活動のイメージが合わなかったようなときも、側にある太鼓に関わっていくことで、物足りない気持ちを解消することができたと考えます。いずれも太鼓を叩くことで、不快感を示す行動は減少しました。太鼓に慣れてくると自発的に太鼓を叩く行動が増え、教師と太鼓を叩き合うことで長時間にわたり、快の状態を維持することができるようになりました。

（2）考察

活動したいことを具体的に教師に伝えることで不快感を示す行動が減少したことから、これまでの働きかけに教師の一方的な解釈があったと感じました。問題と見られがちな行動については、捉え方を変えることで、ストレスなく快につながる行動を促せたのではないかと考えます。

表4　音の違いによる様子の変化

＜1時間目　集会室での学習＞
A　要求 "リズム遊び"
T　マイクを通して低い声で歌う。
A　①指先を動かし顔を上げる。笑顔になり、上体の反復運動をする。
＜2時間目　教室での学習＞
A　要求 "リズム遊び"
T　マイクなしの地声で歌う。
A　②身体に動きはなく、笑顔もない。左袖を噛む。太鼓を計39回叩く。
※以降リズム遊びの要求がなくなる。

写真7　笑顔で太鼓を叩くAさん

第 **3** 章　実践事例編

87

摂食・表現・姿勢・手の動きに困難さのある事例【後編】

～QOL の向上を目指して、卒業までに身につけてほしい力に着目して～

広島県立西条特別支援学校　藤本　圭司

　摂食・表現・姿勢保持・手の動きを困難とする児童の実態を踏まえ、摂食を中心課題とするとともに姿勢保持・手の動きも指導すべき課題としました。姿勢を保持する力を高め、左手の動きを引き出すための支援具を作成したところ、主体的に左手を動かして物や人へ働きかける姿が見られるようになりました。この結果から、主体的に左手を動かすことのできる環境を整えた上で、課題となる学習に取り組み、学んだことを将来の生活につなげることが大切であると考察しました（前任校の広島県立広島特別支援学校での取り組みです。第１巻で摂食・表現・姿勢保持の内容を紹介しています）。

① 対象者の実態

　本児は、肢体不自由特別支援学校小学部第５学年に在籍している男児です。生後７か月のときに急性脳症を発症し、その後遺症により体幹・四肢まひの状態になりました。１歳のときには、脳症の合併症で難治性のてんかん発作が生じるようになり、２歳のときには発作を減らすための手術（VNS）をしました。しかし、全身が反りかえる強い発作（写真１）が日に何度も起こり、小学部第２学年では、横紋筋融解症で入院しました。横紋筋融解症は、強い発作で自身の筋肉を破壊し、タンパク質が血中に流れ出すことで腎障害を引き起こしていきます。将来の健康な生活のためにも、発作を誘発する不快な刺激（大きな音・姿勢不良による疲労・気圧の低下など）には、特に配慮が必要な状態でした。

　小学部第３学年時の身体機能は、自らの身体を支える力（腹部・首・お尻まわりなどの筋肉）が弱く、背骨がS字に変形（側弯症）しているため、座ると姿勢が崩れやすい状態でした。姿勢を保持できる車いすを使っていますが、同じ姿勢が長く続くと、姿勢が崩れてしまい、姿勢を直そうとして背中側の筋肉を強く働かせることで発作を誘発していまし

写真1

写真2

写真3

た（写真２）。手を使う学習の際には、触れた物を握ろうと指に力を入れて軽い物を持つことができますが、手に感覚過敏があり、朝から手を使っていない状態で物に触れたときには、身体を強張らせ不快な表情をしていました（写真３）。手を上げる動きは、何も持っていない状態でも難しいため、教師が肘を支えて一緒に物を持ち上げると、握っている物に目を向けることが時々ありました。

❷ 指導すべき課題 ···

（1）「保護者の願い」と「卒業までに身につけてほしい力」

　保護者は「生きていてほしい」という切なる願いをもち、将来、親が介助できなくなっても「福祉施設を利用しながら生活できるようになってほしい」という希望をもっています。その願いを大切にして、健康の保持のために必須である「摂食」を最重要課題として捉え、将来の健康な生活につながる「姿勢」を重要課題であると捉えました。

　その上で、学校教育目標「健康・挨拶・規律・行動」に基づいて四つの目標を設定しました。「健康」の項目では、児童実態・生活実態の評価や保護者の願いから、卒業後の健康保持や QOL（生活の質）の高い生活を目指して、「誰とでも安全に食事ができ、必要量を安定して食べる力」を身につける必要があります。また、施設での生活を考慮し、自分の考えや気持ちを「表現する力」、規則的な生活の中で良い「姿勢を保持する力」、好きなことを楽しむために「主体的に手を動かす力」が必要になると考えました。

> Ⅰ．誰とでも安全に食事ができ、必要量を安定して食べる力（摂食）
> Ⅱ．言葉がけに対して、表情を変えて気持ちを表現する力（表現）
> Ⅲ．背筋を伸ばして座位の姿勢を保持する力（姿勢）
> Ⅳ．主体的に手を動かし、応答したり、好きなことを楽しんだりする力（手の動き）

（2）指導すべき課題の整理

　摂食・表現・姿勢・手の動きの課題の関係性について課題関連図（図１）で整理しました。

　姿勢を保持する力が高まって座位が安定すれば、最重要課題である「摂食の能力（食事

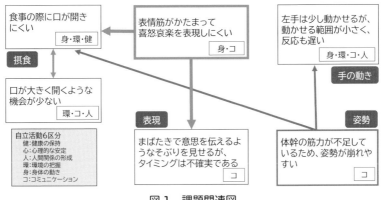

図１　課題関連図

の際の口の開きにくさ)」の改善につながります。さらに、「体幹の筋力が弱く姿勢が崩れやすい」状態が改善すれば、左手の力を発揮しやすくなり「左手の動かせる範囲が小さく、反応が遅い」という課題の改善につながります。そして、無理せずに手を動かすことができるようになれば、発作を減らすことにもつながると考えました。これらの理由から、「体幹の筋力が不足しており、姿勢が崩れやすいこと」は、中心課題であると考えました。

❸ 個別の指導計画 ·······························

(1) 指導目標

　導いた中心課題を踏まえ、小学部第4学年後期の自立活動の指導目標を設定しました。

> Ⅰ．給食や歯磨きの際に、口を大きく開くことができる(摂食)
> Ⅱ．横抱きや揺れ遊びの際に表情を変えることができる(表現)
> Ⅲ．膝立ちの姿勢を教師と一緒に保持することができる(姿勢)
> Ⅳ．手に触れた物に目を向けて、手を動かすことができる(手の動き)

(2) 指導内容・方法

① 発作対応

　毎朝、体調や睡眠の質、発作の状況などについて保護者と連携しました。保護者と一緒に気圧変化の予報アプリを利用して、児童の体調変化を予想しました。学校で発作が生じた際は、児童の身体を丸くした姿勢で抱きかかえリラックスできるようにしました(写真4)。落ち着いた後で、発作が生じた時刻と継続時間等を記録しました。発作が続く場合には、看護師と連携して、座薬対応をしました。

写真4

② 姿勢保持の指導

　毎朝の自立活動の指導の時間で実施しました。全身のストレッチやマッサージをして身体を動かす準備を整えてから、あぐら座位、ベンチいす座位、膝立ち姿勢の順に姿勢を保持する取り組みを行いました。

写真5

③ 手の動きを引き出す指導

	自立活動の時間の指導	各教科等における自立活動の指導
指導目標	手に触れた物に目を向けて、手を動かすことができる。	提示された物に目を向け、手を動かすことができる。
指導内容	・手のひらのマッサージ ・教具は、握りやすいように太めの持ち手にし、触れた物に目が向くように赤色や音の鳴る物を選択する。 ・自らの動きを引き出す支援具の検討 ・音の方向へ目を向ける取り組み 　(登校時に車の窓をノックして、音がした方向を見たらドアを開ける) ・視線入力のゲームで追視(写真5)	・教科と合わせた指導の中で、手を動かす場面を設ける。 　(国語では物語に合わせて絵本のページをめくる。図画工作ではペンを握り、自由に動かして色塗りをする。音楽では鈴やツリーチャイムなどの楽器を演奏する。教材は、児童の目で捉えやすい位置に提示し、手を動かしやすい環境を整えて、活動への意欲を高めていく)

❹ 指導の経過 ┈┈┈┈┈┈┈┈┈┈┈┈┈┈┈┈┈┈┈┈┈┈┈┈┈┈┈┈

（1）自立活動の時間の指導

①　姿勢保持（あぐら座位・ベンチいす座位・膝立ち姿勢など）

写真6

　本児は、お腹の力が抜けて背中が丸くなった状態で座っていました。力の抜けた状態では、身体を支える力が発揮しにくくなり、児童自身の動きや支援者に動かされている感覚が感じにくくなります。そのため、座位の際は、タオルや支援者の脚で児童のお尻をしっかりと包み込むことで、児童自身がお尻に体重を感じ、座っていることを捉えやすくしました。そして、背筋を伸ばして、座位を保持することで、お腹や体幹を鍛えていきました。児童自身が力を発揮しながら良い姿勢を保持できるように、支援者の支える力を少しずつ減らしました。また、大きく姿勢が崩れない程度に身体をゆっくりと揺らしました。膝立ちの際も、座位と同様の方法でお腹や体幹を鍛えていきました。さらに、膝立ちで乗り物の揺れやスピードを感じながら姿勢を保持することにも取り組みました（写真6）。

②　支援具の検討（フレックスライダー・体幹や腕を支える装具）

　自立活動の時間の指導で取り組んだ膝立ちの姿勢を学習に活かすために、支援具の検討と学習環境の整備を行いました。膝とお腹で体重を受けて、適度な腹圧を感じながら姿勢を保持できるフレックスライダーを使いました。最初は、この姿勢に慣れず10分程度で、発作を起こすことが多くありましたが、徐々にお腹に力を入れられるようになり、お腹と背中の筋肉の力のバランスが良くなりました。小学部第3学年後期には、1時間ほど姿勢を保持できるようになりました。姿勢が安定してきたので、PTと連携して、手元を見ながら学習ができる机をつけました（写真7）。身体を支える力は、徐々に強くなっていましたが、さらに姿勢を安定させるため、義肢装具士と連携して身体を支える装具を作り、手元に意識を向けて学習できる環境を整えました（写真8）。

　次に、左手の動きを引き出すために、腕を支える装具の検討をしました。装具の使いやすさや、児童の手の動きをどの程度引き出せるかを確認するために、装具業者から腕を支える装具を二つレンタルしました。一つ目の装具は、腕をスプリングによって下から支えることで、児童は、目の高さで左右に手を動かして絵本を開くことができました（写真9）。

写真7

写真8

写真9

写真10

二つ目の装具は、腕を吊り上げて支えているため、腕の高さの調整がしやすく、児童は机上で上下・左右・前後に手を動かすことができました（写真10）。二つ目の装具の方が、手の動きの自由度が高く、児童の学習に活用しやすいと考え、この装具の支え方を参考にして装具を自作しました。

（2）各教科等における自立活動の指導

今までは、教師に腕を支えられて取り組む学習でしたが、自作した腕を支える装具（写真11）を装着することで、児童の主体的な手の動きを引き出せると考えました。音楽と自立活動を合わせた授業では、児童の好きな音色のツリーチャイムを鳴らしました。これは、既習事項の中から児童が興味をもった教材・教具で、児童の小さな手の動きで楽しめる物です。取り組みのはじめは、教師と一緒に手を動かして、鳴った音に気づき目を向けるのを待ちました。徐々に、児童自身の手の動きで楽器を鳴らそうと試みると、手の方に目を向け、手に力を入れる姿が見られるようになりました。自力で手を動かすまでゆっくり待って、児童が自分の力で動かせたときに拍手で称賛し、喜びを共有しました。次第に、手を動かすことが上手になり、鳴らしたい楽器に目を向け、手を動かして一人で楽器を鳴らせるようになりました（写真12）。そして、自分の力で鳴らした音に耳を傾け、満足そうな表情をするようになりました。上手に楽器を鳴らせたことを教師が称賛すると、嬉しそうに笑って応えるようになりました。

写真11

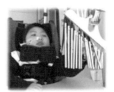

写真12

授業開始や終了時に左手で棒スイッチを押してチャイムを鳴らすことに取り組み、左手を動かす機会を増やしました（写真13）。最初は、自立活動の時間の指導の中で、児童が自分で考えて手を動かすまでの間を見守るようにしました。児童がチャイムを鳴らしたら、挨拶をして授業を始め、チャイムが授業開始の合図であることを理解できるようにしました。繰り返す中で、棒スイッチに触れるとすぐに手を動かすことができるようになったので、すべての授業でチャイムを鳴らす役割を担いました。毎日の取り組みの中で、自分が鳴らすと授業が始まることを理解し、誇らしい表情をするようになりました。

写真13

小学部第3学年後期の参観日には、チャイムを鳴らす役割を1年間頑張ってきたことを発表しました。大勢の人の声援に応えようと緊張

写真14

して、手を動かしにくい状況になりましたが、チャレンジし続け、自分の力だけで棒スイッチを押してチャイムを鳴らしました（写真14）。その瞬間には、自分でやりきったという満足そうな表情で、クラスメイトや保護者と喜びを分かち合いました。

❺ 指導の結果と考察（まとめ）……………………………………………

（1）指導の結果（姿勢保持と手の動き）

　姿勢を保持する力を高め、適切な支援具を使用することで、自分の力で手を動かして学習に取り組むことができました。小学部第4学年の後期には、腕を支える装具をつけなくても、聴きなれた曲のリズムに合わせて、テンポよく上下に手を動かすことができました。笑顔と弾むような手の動きで、嬉しい気持ちを相手に伝えやすくなりました。さらに、手のひらのマッサージと腕を支える装具をつけることにより、興味をもった物に自ら触れて楽しめるようになりました。その経験を積み重ねていくことで、手の感覚過敏が少なくなりました。姿勢が安定したことや、手の感覚過敏が少なくなったことで、不快な刺激が減り、大きな発作の回数も減りました（座薬対応の回数は、小学部第2学年で3回、小学部第3学年で1回、小学部第4学年では0回）。

（2）まとめ

　障害の重い児童の指導を計画するには、児童の実態を適切に把握し、保護者の願いに寄り添い、児童の将来の生活や姿を具体的に考えて、課題の関連性や重要度を整理することで、指導すべき内容を考えていくことが必要です。関連付けられた課題に対して指導内容を考えることで、

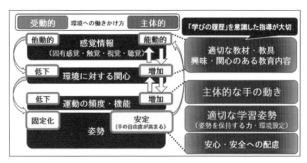

図2　主体的に手を動かすサイクル

一つの指導が多くの課題の解決につながっていきます。

　主体的に左手を動かす力を育むためには、安定した姿勢と左手の自由度を広げる支援具を使用して、児童自身の力を引き出すことができる環境の整備が基盤となりました。児童の興味・関心や、学びの履歴から、適切な教材・教具を用いた教育活動を展開することで、能動的な手の動きを引き出すことができました。自分のやりたい活動に対して自然と手を伸ばすことができたことで、触れた物に対して「これは何だろう」と考え、「こうやって触ると面白いぞ！」といった発見につながり、主体的に手を動かすサイクルができてきました（図2）。そのサイクルを、教科学習や学校生活での役割、周りの者の期待に応える活動などで発揮させることで、学びを深め、人とコミュニケーションを図る力を確実に身につけていきました。このように、児童自身の力で物や人に働きかけながら物事を成し遂げる経験を通して、学ぶ喜びを感じさせ、普段の生活でも「やってみたい」という学びに向かう力を育むことが重要だと考えています。卒業後も児童自身の力で、学びを継続し続け、将来の生活がより豊かなものとなっていくことを願っています。

事例4　環境の把握・人間関係の形成・身体の動き
注意の持続が困難で、周囲の物や人からの働きかけに気づきにくい事例
～注意を向けて、見て、触ろう！～

広島県立福山特別支援学校　藤井　絵理

　周囲からの刺激に気づきにくさのある高等部の生徒に対し、本校独自のアセスメントチェックリストを用いて認知発達の程度をアセスメントし、得られた情報から中心課題を抽出、自立活動の指導すべき課題を明らかにしました。生徒の好きな活動に、視覚的な注意の持続を促す取り組みを取り入れた指導を行うことで、視認知だけでなく他者に対する興味や積極性、リーチング等の上肢の操作性を高めることにつながりました。

❶ 対象者の実態

　高等部第2学年、女子、脳性まひ、知的障害、てんかんを併せ有し、自立活動を主とする教育課程に在籍しています。日常生活で座位保持車いすを使用し、自力での座位は困難です。伸展姿勢になると頭部や目線が上がります。聴覚からの刺激に気づきやすく、歌等は音源に視線を向けるなどの気づきが見られます。視覚の活用が未成熟で、対象物を見続けること（注意の持続）に課題があります。また指吸いが見られるものの、手に触れられると過敏に反応することがあり、自らの手への気づきや手の動きへの意識が未発達です。

　てんかん薬の影響からか、急に興奮したり、怒ったり、反対に大笑いしたりと情緒が不安定になることがありますが、指導者が見守ったり姿勢を変えたりすることで落ち着き、学習に戻ることができます。また、座位保持車いすのヘッドレストやテーブルを指で引っかくなどの自己刺激を始めると、周囲に注意が向かなくなることがあります。

　他者からの働きかけを好み、抱きかかえられて揺れたり、手遊びや童謡を歌ってもらったりすると喜びますが、他者からの働きかけ・声かけに安定して注意を向けることが難しいです。働きかけてきた他者に対して注意が向いておらず、自らが働きかけられていることに気づいていないことがあります。また、働きかけに対して、表情や発声等で反応することが安定してできません。

　実態把握のために、本校作成の「重度・重複障害児のアセスメントチェックリスト—認知・コミュニケーションを中心に ver.6.0」（以下、「本校リスト」）を第2学年の4月に実施しました。その結果を示したプロフィール表が図1です。プロフィール表から生徒の認知発達の段階が、本リストのおよそⅡ段階の実態であることを読み取ることができます。

◆コミュニケーションに関するプロフィール表

月齢	段階	コミュニケーション		認　　知			
		要求表出	人間関係	聴覚・言語	触覚等	視覚等	
0〜	Ⅰ	不明確な表出	人の働きかけによる快反応	聴覚刺激への気づき	触覚・固有覚・前庭感覚刺激への気づき	視覚刺激への気づき	
2〜	Ⅱ	明確な表出 大人への注意	声への快反応 大人への注意	音への快反応 音の変化への気づき 声への快反応 聴覚刺激への注意の高まり	感触の変化への気づき 手・物の気づき	注視 追視	
4〜	Ⅲ	期待反応 声のやりとり 応答性のある行動 大人への積極性 物への働きかけ	特定の支援者への気づき 大人への積極性 感情の分化	声の変化への気づき 音の方向性への気づき 特定フレーズへの気づき 音楽への快反応	把持 単純な操作 リーチング 単純な因果関係の理解	物への気づき（視覚） リーチング	
7〜	Ⅳ	要求の芽生え YES/NO による要求 指さし理解	物を介したやりとり 他者意図への気づき 自分への気づき	興味の拡大（聴覚） 特定フレーズへの意味付け 言葉の理解の芽生え	探索的操作 因果関係の理解（触覚） 操作性の高まり	興味の拡大（視覚） 物の永続性 探索的行動 因果関係の理解（視覚）	

図1　本校リストのプロフィール表（4月実施：抜粋）
※網かけの項目は達成、課題の項目は下線で示す

❷ 指導すべき課題 ···

（1）本人及び保護者の願い

　保護者への聞き取りで、①コミュニケーション手段として Yes/No の表現、発声、サインがほしい、②物をしっかりと見ること、注意を向けることができるようになってほしい、③車いすを指でひっかく自己刺激をやめさせたい、落ち着くための手段がほしい、という希望が出されました。それらを受けて担任も、高等部を卒業をする2年後に目指す姿として、①他者からの声かけ対して、発声等でレスポンスすることができる、②「もう一回？」や分かるサイン（言葉）がある、③物をしっかりと見て、手を伸ばそうとすることができる、④なるべく自己刺激をせず、周囲に注意を向けることができる、という4点を設定しました。

（2）指導すべき課題の整理

　課題関連図の手法を活用し、図2のように実態把握からの情報を整理し、中心課題（中央二重線囲み）設定しました。

　課題関連図により、本生徒の中心課題を「物・他者に対する注視・追視の安定（注意の持続）」として以下の指導仮説を設定しました。

<指導仮説>
（1）働きかけに対して、注意を向ける経験を増やせば、自ら物や人を見ること（注意を向けること）が増えるのではないか。
（2）自分の手の動きに注意を向けることができれば、手の使い方（操作）に気づくのではないか。
（3）好きな遊びの中で「見る」必要性を設定すれば、物を見て手を伸ばして触ろうとするのではないか。

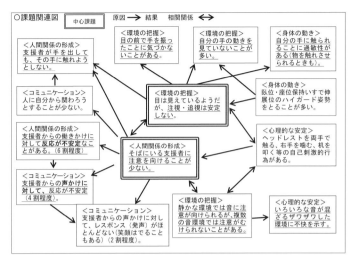

図2　課題関連図

※下線が引かれているカードは、本校リストから抽出された実態の項目

❸ 個別の指導計画 ┈┈┈┈┈┈┈┈┈┈┈┈┈┈┈┈┈┈┈┈┈┈┈

（1）指導目標

　指導期間を前期（4月～9月）とし、＜指導仮説＞を基に指導目標を大きく三つとしました。

　①周囲からの働きかけに対して、安定して注意を向けることができる。

　②目の前に提示された物を注視し、5秒程度追視する。

　③提示された物を、手で触ろうとすることができる。

　この3点の指導目標は、自立活動の時間の個別指導だけではなく、学級担任同士で連携をとり、各教科・領域の指導の中でも以下の点を意識して取り組みました。

　指導実践時の本校の自立活動を主とする教育課程では、各教科の時間の指導はなく、複数の教科・領域を合わせた指導として「生活活動」を設定し、実施していました。「生活活動」には国語、社会、音楽、美術、職業・家庭、特別の教科道徳、自立活動が含まれます。この「生活活動」と「特別活動」の時間の指導において、以下のように目標を立て、学級担任間で留意点の共通認識をもち、指導を行いました。

教科・領域等	目　標	学習・指導の内容
生活活動	・行事や校外学習等で周囲の雰囲気や変化を感じ、思いを表情や発声等で表出する。 ・運動会等の行事の活動の中で、教師の声かけに促されて発声をする。 ・素材・材質に興味・関心を手の動きで示す。	・行事や行き先の特徴的な音や言葉を聞かせたり、事物を提示したりして、普段と違う環境であることに気づかせる。 ・自身の発声が、マイクを通して大きくなったり、発声に対して応答が返ってきたりすることに面白さを感じさせる。 ・素材をこすり合わせて音を出す、擬音語による声かけ、楽器の音など、聴覚で興味を高めるような素材・材質を用いる。
特別活動	・友達や指導者の声かけ・働きかけに対して、目線や表情等で表出をする。	・具体物を示したり、端的に言葉がけを行ったりして、表出を促す。 ・「楽しいね」「面白いね」など雰囲気を示す言葉がけを行う。

<各教科・領域における指導の留意点>
・生徒への声かけの際には周囲の刺激を減らし、生徒が相手や声かけに注意を向けやすくする。
・教材を振る・叩く等して音を鳴らして、生徒が音に注意を向けてから教材を提示する。
・教材を提示する際には、目の前に５秒以上静止して提示し、生徒の視線の動きや反応を待つ。

（2）指導内容

指導内容は、＜指導仮説＞と個別の指導計画の目標に基づき、以下３点を設定しました。

①注意を向ける経験を増やす取り組み

②自分の手の動きに注意を向ける取り組み

③「見る」必要性をつくる取り組み

❹ 指導の経過

（1）自立活動の時間の指導

①　注意を向ける経験を増やす取り組み

写真１

指導を始めた４月頃の注意に関する実態として、動く人・物を時々目で追うことがありましたが、静止している人に対して注意を向けることは少なかったです。目線を向けてはいても、ぼーっと眺めているようで、対象の物・人に焦点を当てて見ていないようでした。

これらのことから、まずは担任と一緒に好きな遊びをすることで、人に対して注意を向けるように取り組みました。くすぐり遊びや、抱きかかえての揺れ遊びでは指導者が「いくよー」と声をかけ、生徒と目が合うことを確かめてから、「せーの」で体を揺らして遊びました。遊びを中断した際には、くすぐりや揺れが止まったことに生徒が気づき、「あれ？」と指導者の方を見てから遊びを繰り返しました。指導者と目が合わないときは繰り返さず、生徒が視線を向けるのを待ちました。指導者を見ることで、指導者を意識することができるようになり、生徒が「指導者と遊ぶと楽しい」ということに気づくことができました（写真１）。

また、物に対する注意を促すために、タブレット端末で動画や面白い音・音楽等を提示し、生徒が画面に対して注意を持続する取り組みを行いました。画面を見るときは伸展姿勢をとらないように、抱きかかえや、三角マットを使用し腹臥位をとりました。生徒の好きな歌の動画を流すと、顔を上げて１分程度画面を注視し続けることができるようになりました。

②　自分の手の動きに注意を向ける取り組み

指導の当初、上肢の動きの実態として、肘を支点にして左手を机に叩きつけるような動きをすることができました。どの姿勢でも伸展する緊張が入りやすく、肩から手を前に伸ばすことが難しいようでした。時々肘を伸ばして前方に手が伸びることがありました。その際、手にものが触れても、それを見て確認することは少なかったです。

そこで、まずは生徒が自らの手の存在に気づくことから始めました。指導者が生徒の手

をしっかりと握り圧迫刺激を与えることで、生徒が刺激を手がかりに自らの手を見る機会を増やしました。握られた手を見ることが安定してきたら、その手で玩具や教材を触らせるようにしました。

写真2

また、タブレット端末で触れたら音が出るアプリを提示し、偶然手が画面に触れて音が鳴ったときに、画面と手元を見るように促しました。はじめは不思議そうに画面を見ていましたが、次第に「何だろう？」と画面を触ろうとする手の動きが見られるようになりました（写真2）。スイッチに好きな歌を入れて聞かせると、歌が途切れたときに、スイッチを見てもう一度押そうと手を伸ばそうとすること（リーチング）もできるようになりました。

①②の取り組みを継続することで、7月には机上に置いてある玩具にたまたま手が触れて音が鳴ったときに「あれ？」と気づいて、その玩具を注視する様子が見られました。

③ 「見る」必要性をつくる取り組み

①②の取り組みで、人や物の注意が安定し、自らの手の動きに意識が高まってきたので、遊びの中で「見る」必要性をつくる取り組みを始めました。

まずは、繰り返しを要求するサインとして、指導者の手を触ったり、楽器を鳴らしたりすることを設定しました。本人の好きな手遊びや歌を意図的に中断し、指導者の手や楽器等を同じ位置に提示します。本人が見て触ることができたら、再び手遊びや歌を繰り返すようにしました。好きな遊びを繰り返そうと、生徒は手で指導者の手をタッチしたり、楽器を触って鳴らしたりしますが、慣れてくると視線がそれてしまい、指導者の手や楽器を見ずに手だけを動かすようになりました。

そこで、手や楽器等の提示位置を指導者が毎回意図的に変えて、見て位置を確認しないと触れられないようにしました。最初はいつもと同じ位置に手を伸ばしますが、何度か繰り返すと「あれ？楽器がないぞ？」というような表情になり、見て探したり、指導者の手や楽器の動く様子を目で追ったりするようになりました（写真3）。

写真3

（2）各教科における自立活動の指導

自立活動の指導の時間と並行し、各教科の指導の時間にも担任団で連携して取り組みを継続することで、各教科における指導の中でも変化が見られるようになりました。提示された教材に注意を向け続けられる時間がのび、見た後に微笑む等の表情で気持ちを表現することが増えました。また、8月の生活活動の指導の場面においては、目の前に提示された花火の絵本に対して、自ら手を伸ばし触ろうとする姿が初めて見られました。それからは興味を示したものに、まず手を伸ばそうとする生徒の主体的な姿が見られるようになりました。

❺ 指導の結果と考察（まとめ）

（1）指導の成果

　①注意を向ける経験を増やす、②自分の手の動きに注意を向ける、③見る必要性をつくる、の三つの取り組みを継続することで、人や物へ注意を向ける力を高め、周囲への興味も高めることができました。またそれに伴って、指導者からの「いくよ」等の声かけに期待反応を示したり、手を伸ばして指導者の手にタッチして要求を伝えたりとコミュニケーションの力も高まってきました。また、手の過敏性が減り、提示された教材に触ってみようと手を伸ばすことが増えました。9月に実施した本校リストのアセスメントの結果が図3です。4月以降の達成項目が濃い色の網かけです。およそ本校リストの発達段階のⅡ段階を達成し、Ⅲ段階の学びへ進んでいることが客観的に分かりました。指導の結果から、「2 指導すべき課題」で示した生徒の困難さや課題の多くは、見えてはいても注意が持続せず、対象を焦点化して捉えられていないために、刺激や物、人からの関わりに気づきにくくなっていたということが推測できました。

（2）まとめ

　今回の実践では、課題関連図の手法を用いて中心課題を明らかにし、個別の指導計画に反映させました。個別の指導計画を担任同士で共有し、どの教科・領域でも取り組みを継続させることで、生徒の変容につなげることができたと考えます。また本生徒のように、認知発達初期の段階で視認知につまずきがあるために、様々な困難さを呈している事例は多いと感じます。視認知の向上は重度・重複障害の児童生徒の認知発達の重要なポイントであり、生徒の興味・関心の高い活動の中に、「見たい」と本人が思う場面をつくる指導が効果的であることが明らかになりました。

◆コミュニケーションに関するプロフィール表

| 月齢 | 段階 | コミュニケーション | | 認　知 | | |
		要求表出	人間関係	聴覚・言語	触覚等	視覚等
0〜	Ⅰ	不明確な表出	人の働きかけによる快反応	聴覚刺激への気づき	触覚・固有覚・前庭感覚刺激への気づき	視覚刺激への気づき
2〜	Ⅱ	明確な表出 大人への注意	声への快反応 大人への注意	音への快反応 音の変化への気づき 声への快反応 聴覚刺激への注意の高まり	感触の変化への気づき 手・物への気づき	注視 追視
4〜	Ⅲ	期待反応 声のやりとり 応答性のある行動 大人への積極性 物への働きかけ	特定の支援者への気づき 大人への積極性 感情の分化	声の変化への気づき 音の方向性への気づき 特定フレーズへの気づき 音楽への快反応	把持 単純な操作 リーチング 単純な因果関係の理解	物への気づき（視覚） リーチング
7〜	Ⅳ	要求の芽生え YES/NO による要求 指さし理解	物を介したやりとり 他者意図への気づき 自分への気づき	興味の拡大（聴覚） 特定フレーズへの意味付け 言葉の理解の芽生え	探索的操作 因果関係の理解（触覚） 操作性の高まり	興味の拡大（視覚） 物の永続性 探索的行動 因果関係の理解（視覚）

図3　本校リストのプロフィール表（9月実施：抜粋）
※達成項目を濃い色の網かけで示す

事例 5　心理的な安定・環境の把握・身体の動き

日常的に身体を激しく揺らす行動が多く見られる事例
～自分の身体に意識を向けて各感覚を活用することを目指した指導～

筑波大学附属桐が丘特別支援学校　**野崎　美咲**

　学習時や移動中など日常生活のあらゆる場面で、身体を激しく揺らし、興奮気味の生徒に対して、「様々な感覚を活用して周囲の情報を捉えること」と「姿勢や動きを調整すること」を課題とし、二つの課題に共通するポイントとして、「自分の身体へ意識を向けること」に重点を置いた指導を行いました。何かに意識を向けて味わうことができる力は、自分の周りの様子を捉えていくための大事な一歩となります。本生徒も、教師と一緒に身体を動かす中で、自分で自分の手を触って感覚を確かめるような姿が見られるようになり、しだいに、日常や学習の場面においても、身体の動きを止めて、教師の言葉や周囲の音、教材など、自分の周りに意識を向けて情報を捉えようとする姿が増えてきました。

❶ 対象者の実態

　中学部第1学年の女子で、急性硬膜下血腫後遺症の生徒（Aさん）です。車いす（全介助）で移動しています。身体面では、右半身と下半身のまひが強く、右手と両足は力を入れて引き込んでいることが多く見られます。左手を伸ばしたり、伸ばした手で物をつかんだりすることはできますが、細かい動きは苦手で、目の前の物の位置に正確に手を伸ばしてつかんだり、物に優しく触れたりすることが難しい様子です。寝た姿勢では、一人で仰向けからうつ伏せに姿勢を変えることができます。車いすに座った姿勢では、足の裏が車いすのステップから浮き、お尻だけで身体を支えていることが多いです。

　認知面では、音が聴こえると身体の動きを止めて聞いたり、左手に物が触れるとつかんだりすることができます。表情や発声、手を伸ばす、身体を揺らす等で感情や要求を伝えることができますが、日常的に身体を激しく揺らしていることが多く、落ち着いて学習活動に参加したり、自分から周りの人や物に関わろうとしたりすることが難しい様子が見られています。各教科等については、知的障害特別支援学校の各教科の小学部1段階の目標及び内容で学ぶ段階にあります。

❷ 指導すべき課題

（1）学習上又は生活上の困難とその背景要因

　日常的に身体を激しく揺らす行動が多く見られることについての指導すべき課題を導き

出すために、指導に関わる教師でケース会を行い、図1のように背景要因を探りました。

　ケース会では、Aさんが身体を激しく揺らす行動をするのは、一人で待っているとき、大きな音が鳴ったとき、具体物を提示されたとき、身近な教師等に声をかけられたとき等の場面であるという情報があがりました。このことから、Aさんの「身体を激しく揺ら

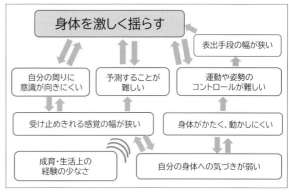

図1　Aさんの実態

す」という行動には、大きく三つの背景要因があるのではないかと考えました。一つ目は、自分の周りに意識を向けることが難しいために、「揺れ」の感覚に没頭してしまっているのではないかということ、二つ目は、音などの情報を受け止めきれなかったり、次の予測ができなかったりするために、何か聞こえたり見えたりすると驚いて興奮してしまっているのではないかということ、そして三つ目は、運動や姿勢の調整が難しいために、身体を動かそうとしたり、何か伝えようとしたりすると身体全身を使った「揺れ」の動きになってしまうのではないかということです。また、これらの背景要因が関連し合って、日常の様々な場面で「揺れる」という行動が見られたり、その揺れが激しくなったりしているのではないかと捉えました。

　さらに、身体の動きを調整することが難しいことについては、自分の身体への気づきが弱く意識が向いていないこと、またそれによって身体を動かす経験が不足し、身体の各部がかたくなって思うように動かしにくいのではないかと捉えました。

（2）指導すべき課題の整理

　Aさんの課題としては、大きく二つ考えました。

①　様々な感覚を活用して周囲の情報を捉えること

　自分の周りに意識が向いていないことや、情報を受け止めきれずに興奮してしまっていることから、聴覚や触覚、視覚などの様々な感覚を活用する力を高め、自分から周囲に意識を向けたり、情報を受け止めたりすることができるようになる必要があると考えました。

②　姿勢や動きを調整すること

　①の課題の達成のためには、何かを見たり聞いたり手を使ったりしやすい安定した姿勢の獲得が重要です。なぜなら、不安定な姿勢では、姿勢を安定させることに注意を要し、自分の周りに意識が向かなくなってしまう可能性があるからです。また、身体を動かそうとすると全身を使う大きな動きになってしまう様子から、自分の身体に意識を向けて自分で動きを調整していく力をつけることが必要であると考えました。

❸ 個別の指導計画 ···

（1）指導方針

　Aさんの指導に当たる教師が、共通理解のもとに一貫した指導が行えるよう、どの授業でも共通して行う手立て・配慮として、次のようなことを教師間で共有しました。

- ・学習環境を整理し、提示する情報（音、色、感触等）の数や強さ、提示する順番を課題によって工夫する。
- ・Aさんの表出に対して意味付けして言葉で返し、Aさん自身が自分の行動とその結果とを関連付けやすいようにする。
- ・学習の流れをパターン化し、次の活動への予測をたてられるようにする。
- ・自分の身体や操作しているものを視界に入れ、意識しやすいように配慮する。

（2）個別の指導計画

① 指導目標

　１）自分の体に意識を向けたり、意識を向けながら動かしたりできるようにする。

　２）聴覚、触覚、視覚などの感覚を同時に働かせて具体物を捉えることができるようにする。

② 指導内容・方法

ア）自立活動の時間の指導

　二つの指導目標の達成に向けて、まずは「自分の身体に意識を向ける」ことが重要であると考え、教師からの身体への関わりを受け止めたり、教師と一緒に身体を動かしたりする学習を設定し、重点を置いて指導しました。その理由は、教師と一緒に身体の動きの学習を行うことを通して、身体の各部位の存在に気づき、意識を向けていくことを積み重ねることで、身体の各部位から入る情報をしっかりと受け止めたり、自分の意図をもって動かしたりすることにつなげていきたいと考えたからです。具体的には、手足の指の力を抜いたり動かしたりすることや教師の誘導に合わせて腕や足を動かすことを指導内容に設定しました。また、姿勢の安定へとつなげていくために、お尻や足の裏をしっかりとつけて座ることも指導内容に設定しました。

　さらに、複数の感覚を同時に働かせて具体物を捉えていくために、音が鳴る教材や様々な質感の素材を操作することを通して、まずは一つ一つの感覚をしっかりと捉えること、そして音や感触というAさんが捉えやすい情報を手がかりにしつつ、視覚も同時に働かせて具体物を捉えていくことも指導内容として設定しました。

イ）各教科等における自立活動の指導

　学習が始まる前には、お尻や足の裏がしっかりついているか、身体が傾いていないか等を確認し、姿勢を安定させて学習に臨めるようにしました。また、教材などを提示する際

には、まずは音のみ、次に具体物を提示するなど、提示する情報は一つずつにし、Aさんが一つ一つの情報をしっかりと受け止めながら関連付けて捉えられるようにしました。その際、教師の言葉がけも一つの聴覚情報であるため、言葉がけのタイミングや量、声の大きさなどにも配慮しました。

表1　個別の指導計画

指導目標	1）自分の体に意識を向けたり、意識を向けながら動かしたりできるようにする。 2）聴覚、触覚、視覚などの感覚を同時に働かせて具体物を捉えることができるようにする。	
	自立活動の時間	各教科等
指導内容	・手足の指の力を抜く、動かす。 ・教師の誘導に合わせて腕や足を動かす。 ・お尻や足の裏をつけて座る。 ・音が鳴る教材や様々な質感の素材を操作する。	・学習姿勢を整える。 ・各感覚を活用しながら学習対象を捉える。

❹ 指導の経過

（1）自立活動の時間の指導

① 手足の指の力を抜く、動かす

　教師が手足の指に触れるのを受け止め、触れられている部分に意識を向けたり、力を抜いたり、教師と一緒に動かしたりする活動を行いました。Aさんの手足の指は普段、ギュッと握り込まれていることが多く、特にまひが強い右腕は腕全体に力が入っています（写真1）が、教師が「小指だよ」などと言葉をかけながら指の一本一本に優しく触れると、触れられている部分に注目し、少しずつ力を抜く様子がありました（写真2）。その後、指の一本一本を別々に動かすように教師が誘導すると、注目しながら教師と一緒に動かすことができました。また、教師がAさんの右手に触れていると、Aさんも左手で自分の右手をつかんだり、トントンと優しく叩いたりすることがありました。

写真1

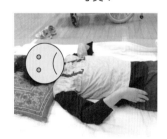

写真2

② 教師の誘導に合わせて腕や足を動かす

　仰向けに寝た姿勢で、教師と一緒に腕の上げ下げをしたり、股関節を開いたりする活動を行いました。教師がAさんの腕を持ち、「せーの」と言葉をかけながら腕を上げるように動きを誘導すると、はじめはギュッと力を入れてしまうことがありましたが、「ここだよ」などと腕に集中するように言葉をかけてAさんの動きを待つと、腕の力を抜き、教師の誘導に合わせて力を調整して腕を動かすことができました。また、はじめのうちは、腕を動

かすときに視線が別の方を向いていることが多かったのですが、腕の動きを追視するようにもなりました。

③ お尻や足の裏をつけて座る

教師が後方から支えていすに座り、前後左右に重心を移動させてお尻や足の裏で自分の体重を感じる活動を行いました。左右片方のお尻に体重がのるように上半身を少し倒させると、自分の体重を支えようとしてお尻で踏みしめ、体重がのっていない方に身体を起こそうとする動きが見られました。重心を前に移動させたときには、足で床を踏みしめるような動きはあまり見られませんでしたが、左右前後の重心移動の活動を通して、終始、真剣な表情で静かに視線を巡らせる様子が見られました。

④ 音が鳴る教材や様々な質感の素材を操作する

握ると音が鳴る教材やぬいぐるみ、トゲトゲボールなどを使い、提示されたものにＡさんが気づいて手を伸ばして取った後、握ったり、振ったり、叩いたりするなど、自由に触る活動を行いました。はじめは教材の音に驚いて身体を激しく揺らしたり、触っているときに視線が具体物から離れてしまったりしていましたが、3学期には、教材の音が鳴るとにこやかな笑顔を見せたり、具体物に注目しながら触る様子が見られたりするようになりました。

（2）各教科等における自立活動の指導

国語科の指導において感触を表す言葉を取り扱った際には、具体物の感触をしっかりと捉えることができるよう、授業の始めに自立活動の時間の指導で行っている、手の指の力を抜いたり動かしたりする活動を行い、手への意識を高めてから国語科の指導を行いました。授業の中では、指を広げて手のひら全体で具体物に触る様子が見られました。また、身体の動きを止めて絵本の読み聞かせに耳を傾けたり、教材に注目したりする様子も見られるようになりました。

❺ 指導の結果と考察 ………………………………………

（1）指導の結果

① 目標「自分の体に意識を向けたり、意識を向けながら動かしたりできるようにする」について

教師に触れられたり、一緒に身体を動かしたりする活動を通して、自分の身体に注目しながら力を抜いたり、教師の誘導に合わせてゆっくり動かしたりする様子があったことから、自分の身体への意識が高まり、意図的に力の入れ具合や動きを調整することができるようになってきたと考えました。また、自分から手を

写真3

伸ばして自分の腕をつかんだり、優しく叩いたりする様子が見られるようになった（写真3）ことから、身体の各部位の感覚がはっきりとしてきたことにより、自分で感覚を確かめようとしているのではないかと考えました。今まであまり意識が向いていなかった右腕や足の存在に気づき始めている姿として評価しました。

② 目標「聴覚、触覚、視覚などの感覚を同時に働かせて具体物を捉えることができるようにする」について

　教材を操作する際に、教材の音に興奮せずに笑顔を見せたり、教材に注目しながら触ったりする様子から、各感覚を同時に働かせて具体物を捉える力が育っていると評価しました。また、以前の勢いよく手を伸ばして叩くという触れ方から、具体物に注目しながらゆっくりと手を伸ばして優しく触れるように触れ方が変化したことから、具体物を視覚でしっかりと捉え、腕の動きを調整してつかむことができるようになってきたと捉えました。

　登校後、教室に移動するまで待機している場面では、以前は身体を激しく揺らして待っていることが多かったですが、3学期には身体の動きを止めて静かに左右に視線を巡らせる姿が多くなり、周囲の状況を把握しようと耳を傾けている様子が見られるようになりました。課題について、自立活動の指導と各教科の指導とを関連させて指導してきたことで、Aさんは、自分の身体への意識が高まるとともに、意識を向けて感覚を受け止めたり、自分の身体を動かしたりする感じをつかむことができ、そのことにより、各感覚を活用して周囲の情報を捉えようとすることができるようになったと評価しました。

（2）まとめ

　日常的に身体を激しく揺らす行動が多く見られる生徒について、「様々な感覚を活用して周囲の情報を捉えること」と「姿勢や動きを調整すること」を課題とし、二つの課題に共通するポイントとして、「自分の身体に意識を向けること」に重点を置いて自立活動の指導を行いました。

　Aさんの場合、教師が身体に触れることを受け止めたり、教師の誘導に合わせて身体を動かしたりする学習を積み重ねることで、自分の身体への意識が高まり、その結果、自分で身体を触って感覚を確かめるような姿を見せるようになりました。また、自分の身体への意識が高まったことで、運動を調整する力も伸び、気持ちが高ぶってしまうような大きな動きとは違う動きで他者や具体物に働きかける姿が見られるようになりました。その結果、学習や生活の場面においても、身体を激しく揺らすことが減り、自分の周りに意識を向けて情報を捉えようとする姿が見られるようになりました。

　また、自立活動の時間と各教科等の時間において共通の指導方針のもと指導することで、各教科等での指導も充実し、各教科等の指導目標の達成にもつながったと考えます。今後も、自立活動の指導と各教科等の指導とを密接に関連させることで、双方の学習の充実につなげていくことが重要であると考えています。

知的障害・知的障害代替の教育課程

環境の把握・身体の動き・コミュニケーション

人工呼吸器を使用し、身体の動き等の制約が大きい事例
～微細な腕の動きを意識して、主体的な働きかけや表現を目指した指導～

奈良県立奈良養護学校　中村　靖史

　腕の動きにより起こる変化を意識し動きをコントロールする学習と、理解できたことを腕の動きで表現する学習を、自立活動の時間と各教科において関連付けて取り組みました。音楽科でスイッチを用い、楽器演奏で表現する課題に取り組んだ結果、右腕を動かすことの意識が高まり、様々な場面で主体性を発揮するようになりました。

❶ 対象者の実態 ⋯⋯⋯⋯⋯⋯⋯⋯⋯⋯⋯⋯⋯⋯⋯⋯⋯⋯⋯⋯⋯⋯⋯⋯⋯⋯

　小学部第6学年男児の対象児（以下、本児）は、脊髄性筋萎縮症Ⅰ型という疾患で、呼吸障害を抱えているため24時間人工呼吸器を使用しています。生活動作は全面介助で、自ら姿勢を変えることができない寝たきりの常態で過ごしています。痰の吸引や気管切開部のケア、酸素管理など、日常的に高度な医療的ケアが必要であることや、人工呼吸器をつけていても心拍数は高く、気軽にベッドから車いすに乗り換えることが難しいなどの問題を抱えており、在宅生活を送りながら訪問教育を受けています。しかし、「感じたり、考えたりする力は順調に発達していくことが期待できます」と就学時に主治医から助言がありました。身体面の重度な障害状況に反して、認知面の発達の可能性が示されていました。

　自分で意図的に動かせる体の部位は、極めて少なく外見では分かりにくい面がありました。その中で、右腕においては、教師がゆっくり動かしていくと、一緒に追随するように動かしていることが、教師の手で感じ取れるくらいの微細な動きとしてありました。

　日常生活の中では、毎日繰り返される事柄について理解している様子があり、日常の簡単な言葉、家族や関わる人の名前などを認識していました。話しかけられると、自分で言葉を話すことはできないですが、目の表情（大きく開ける、じっと見る、涙目になるなど）や、右腕（前腕部）を微細に動かし応答したりすることができました。話されていること

が分からないときには、目を白黒させたり、自分の思いと違う状況になると涙を流したりすることもありました。

　車いすへの移乗などの物理的な変化に加え、例えば病院に行くなど不安なことがあるときには、心拍数が大きく乱れることがあり、外に出て経験を重ねていく上では多くの配慮を必要としていました。

❷ 指導すべき課題

（1）学習上又は生活上の困難とその背景要因

　本児は自分の生活に関わる事柄を理解する力は見受けられますが、身体の動きは限られた部位が微細に動く程度であることや、コミュニケーションの面では発信手段が少なく人との関係性において受け身であることなどから、自分自身が主体となり生活世界の理解を深めていくことに困難さを抱えています。また、呼吸状態の不安定さや姿勢変換の困難さにより、学習空間や活動において制約が生じ、多様な学習活動の中で生活経験を重ねていくことにも困難さを抱えています。保護者は、本児の認知面の状況を考えると、健康面の安定とともに、さらに生活の事柄や地域の様子など、自分の生活世界の理解を深めてほしいと願っていました。これらのことを踏まえ、学習活動の基盤となる自立活動における指導と、認識を広げていく各教科の内容を合わせて学習を展開することが必要と考えられ、指導すべき課題を以下のように整理しました。

（2）指導すべき課題の整理

①　右腕の動きの意識を高めていく課題

　本児は寝たきりの状態であっても、右腕には微細な動きがあり、教師と一緒に動かそうとするなど、自分の動きを意識している様子が見られます。教師と一緒に動かす共同的な動きは可能なことから、動きをガイドしたり、教材を工夫したりすれば、本児が自発的に腕を動かすことにつながるのではないかと考えました。腕を動かすガイドの方法や、微細な動きで変化が起こる教材を工夫しながら、積極的に右腕を動かすことを促す必要があると考えました。動きにより変化が生まれることに気づく活動は、主体的に腕を動かす意欲につながることが期待できます。また、体の動きが認識面の広がりにもつながるという視点からも重要な取り組みになると考えました。

②　人とのやりとりを広げる課題

　話しかけられると表情で応じている様子や、腕をかすかに動かし応答する様子などからは、分かることに応じる力があることがうかがえます。それらを積極的にコミュニケーション手段として使っていけるように、いろいろな活動場面でやりとりする学習を展開することが必要と考えました。併せて、本児自身が思いを伝えられたという実感が得られるような補助手段を検討しながら、やりとりを深めていく必要があります。

③　生活の中の様々な事柄の認識を深める課題

　主治医が話されたように「感じたり、考えたりする力は順調に発達していくことが期待できる」ことや、家族とのコミュニケーションの様子から考えると、自分の生活の様々な事柄や一般的な事柄を理解しようとする力をより高めることも重要な取り組みになります。知的障害の各教科の内容や、より主体的に意思を表し、多様なやりとりを深めていく自立活動のコミュニケーションの課題と合わせて取り組む必要があると考えました。

❸ 個別の指導計画 ⋯⋯⋯⋯⋯⋯⋯⋯⋯⋯⋯⋯⋯⋯⋯⋯⋯⋯⋯⋯⋯⋯⋯

（1）指導方針

　本児は訪問教育で週3日、1回2時間の中で学習活動を行っています。そのため時間的な制約から、知的障害代替の各教科の一部を「国語・算数」「音楽・図工」のように合わせた指導形態で、自立活動の時間の指導と関連付けながら行うことを前提に年間計画を作成しています。前述の指導すべき課題①右腕を動かす課題は、教師と共に腕を動かすやりとりの中で、部位を動かす方向や力加減を理解することと、例えば、補助具やスイッチなどを使って何かを動かすなど、右腕で物に働きかけることを目標とした課題設定が必要と考えられます。これらの腕の動きを意識して動かすことに特化した課題は、自立活動の中で取り組み、腕の動きを使って、人とやりとりしたり、物事を理解したりする課題②③は各教科の単元の中で関連付けて取り組むことにしました。

（2）個別の指導計画

①　指導目標

　以上の方針を踏まえ、次のような自立活動の目標を設定しました。

　1）右腕を動かすことの意識を高め、動きで起こる物の変化を理解しコントロールする。

　2）やりとりや様々な活動の際に、自分の思いや理解できたということを右腕で表現する。

②　指導内容・方法

ア）自立活動の時間の指導

指導目標	1）右腕を動かすことの意識を高め、動きで起こる物の変化を理解しコントロールする。	
	自立活動	各教科等
指導内容	○教師と一緒に動かす。 ○支えや補助アームなどを通して自分から動かす。 ○スイッチで対象を作動させる。	○自助具の筆などを使い描く。（図工） ○示された対象に触れる。（生活） ○楽器を鳴らす。（音楽）

　指導目標1）における、右腕を動かすことの意識をさらに高めていくために、以下の二つの内容を考えました。第一に、可動域の拡がりや動いていく方向を感じるために、例えば腕を上げるなどの課題動作を教師と一緒に行うという内容です。第二に、教師の手またはトレーニングボールや補助アームなどで本児の肘を支えた上で、本児だけで動かすとい

う内容を考えました。次に、自分の動きで起こる変化を通して、動かす意識をさらに高める内容は、スイッチなどで教材を動かす活動や各教科の中で様々な教材や素材に触れる活動で指導しました（図 1 ）。

自立活動の時間の指導においては、手の動きに関わる評価を行い、教科では単元の理解として、内容に関わる表現を腕の動きでできているかを評価していく必要があります。

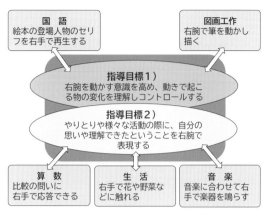

図1　指導目標と各教科等の指導内容との関連

第 **3** 章　実践事例編

指導目標	2 ）やりとりや様々な活動の際に、自分の思いや理解できたということを右腕で表現する。	
	自立活動	**各教科等**
指導内容	〇トレーニングボールにのせた腕を動かし応答する。 〇応答のタイミングを考えて腕を動かす。	〇読み聞かせに合わせてボイスレコーダーの台詞を再生する。（国語） 〇曲中の小節を意識して、楽器を鳴らす。（音楽）

指導目標 2 ）においては、各教科の指導の中で、内容の質問に応答することや、示された対象に右腕で働きかけるなど、言葉の応答や教示された内容の理解の表現として右腕を動かすことを指導していく必要があります。特に、やりとりにおいて、応答のタイミングを考えるという点では、国語科や音楽科の内容を取り入れることで目標に迫ることができると考えられます。

イ）各教科等における自立活動の指導

本実践例の音楽科については、本児が表現の仕方について考えるという点においては、自立活動のコミュニケーションと大いに関連する教科で、学習指導要領の知的障害各教科小学部第 2 段階の目標を取り入れ、以下のように目標を設定しました。

〇音楽科の目標
音や音楽に関わり、教師と一緒に音楽表現をしたり、工夫をしたりすることを通して音楽への興味を広げる。

本児が音楽と関わることについては、単に聞いて楽しむだけではなく、楽器などに右手で触れて鳴らす活動から、音楽の学びが広がることが考えられます。本児の動きは微細であることから、スイッチを用いて、モバイル PC の楽器アプリを再生する形で、楽器に触れて音を鳴らすことを補うことにしました。また、本児は月に 1 回のペースで、自宅近くの小学校と交流及び共同学習を実施していることから、同学年の音楽科で扱っている楽曲を、題材に用いたり、友達の様子を動画で見たりする活動を設けながら、意欲が高まるよ

うに働きかけていくことにしました。

❹ 指導の経過 ⋯⋯⋯⋯⋯⋯⋯⋯⋯⋯⋯⋯⋯⋯⋯⋯⋯⋯⋯⋯⋯⋯⋯⋯⋯⋯⋯⋯

（1）自立活動の時間の指導

教師の「1、2の3」というかけ声とともに、ゆっくり本児の右腕や右手を動かすべき方向にガイドし、その後本児の自発的な動きを待つという手順を基本的な関わり方として働きかけました。この中で本児は教師の動かす方向に追随するだけではなく、かけ声に合わせて運動を始発するようになりました。

写真1

次に、右腕の微細な動きを補助し、かつ増幅できるように、トレーニングボールにのせた際の反発（写真1）や、補助アームについた平ゴムで腕を吊られた際のゴムの張り（写真2）などを感じて一人で動かすことを促しました。これらの道具を使うと、腕や手を動かしたときに運動感覚がフィードバックされて、一人で動かす意識をもつようになりました。さらに、スイッチと組み合わせて対象物を操作するように設定したことで、右腕を動かす意欲は高まっていきました。

写真2

コミュニケーションにおいても、やりとりの際に右腕を動かすことで、表現したという実感がもてることや、表現したことに対して周りから即時応答がかえってくることにより、伝えることができたことを実感し、積極的に手段として右腕を動かすようになりました。言葉に対する応答性が明確になり、二つのものを提示すれば、自分が思う方を視線と合わせて選択するなど、具体的な内容でやりとりができるようになりました。

（2）各教科等における自立活動

①　音楽科での課題

補助アームとスイッチにモバイルPCをつなぎ、楽器アプリを鳴らす形で楽器演奏を行いました。「幸せなら手をたたこう」の単元では太鼓アプリを用い、4小節中3小節の最後にある歌の間を感じ取り、タイミングよく右腕を動かし、合わせて鳴らすことができました。「大きな古時計」の単元では、シンセサイザーアプリを用い、曲に合わせて「チクタクチクタク」の1小節、スイッチを押し続ける、小節終わりにタイミングよく離すという調節ができるようになりました。

②　交流及び共同学習において

交流校の学習発表会で一緒に演奏することになりました。本児は、半年間、訪問教育の授業では週1回、交流学習の合同練習では月1回の練習を重ねました。5分弱の演奏時間

の中で、担当するサビのフレーズ（3回）を理解し、みんなと同じ演奏速度の中で音を鳴らすことができるようになり、友達と一緒に学習発表会で披露することができました。

❺ 指導の結果と考察 ‥‥‥‥‥‥‥‥‥‥‥‥‥‥‥‥‥‥‥‥‥‥

（1）指導の結果

① 目標「右腕を動かすことの意識を高め、動きで起こる物の変化を理解しコントロールする」

教師と一緒に腕を動かす際には、決まった手順を示されることで、教師の動きに追随するだけでなく、本児が運動を始発するようになりました。やりとりを通して、本児自身に動かすという意図が芽生えたと考えられます。補助アームやトレーニングボールを使うことで自分の動きを実感し、さらに、スイッチと接続することで、様々な教材の変化を体験できるようになりました。各教科と関連付けて取り組む中で、様々な素材や教材に触れ、感じたり、操作したりするなど、意図をもって右腕を動かすことが認識を広げる意欲につながったと考えられます。

② 目標「やりとりや様々な活動の際に、自分の思いや理解できたということを右腕で表現する」

やりとりの際に右腕を動かすことで、表現した実感や周囲の応答の実感を得られるようになった本児は、積極的に手段として右腕を動かすようになりました。音楽の中で、曲中の音の間や小節を意識する学習は、コミュニケーションの中で相手の言葉をしっかり聞いて考えることに影響を与えていると思われ、それは言葉に対する応答の表現が明確になった様子に現れているようです。さらに、二つのものを提示すれば、自分が思う方を視線と合わせて選択するなど、具体的な内容でやりとりができるようになりました。各教科の様々な学習場面でも、このコミュニケーション手段を使い、考えたことを表現する機会をたくさんもつことができました。右腕の動きは、身体の動きだけではなくコミュニケーション行動としても広がったと考えられます。

（2）まとめ

本実践例では、人工呼吸器を使用して受け身な状況にある本児の、微細な右腕の動きとそれを意識している様子や、分かることには応じる様子、自分の生活で繰り返される事柄について理解している様子など、制約が大きい障害状況であっても生活の中で主体性を発揮できている様子に注目し指導を展開しました。「できないことをできるように」ではなく、「できていることをいかに発展させていくか」という視点で指導内容を検討することが重要でした。自立活動と各教科を関連付けることが相乗効果を生み、本児に分かりやすい指導につながったと考えられます。本児にとって、右腕を主体的に動かすことの学びは、様々な学習場面での意欲や、交流及び共同学習での経験など、認知や人との関わりの学びへと発展しました。

事例 2 心理的な安定・環境の把握・身体の動き

不快や不安が、自傷・他傷行為として表れやすい事例
〜 " 分かる・できる " を広げ、人や物への意図的な働きかけにつなげる指導〜

高知県立日高特別支援学校（前 高知県立高知若草特別支援学校） **森田　唯**

　自傷・他傷が表れやすい児童に対し、自分の動きと結果の因果的な関係に気づき、教材や場面の意味（始めと終わり）が分かること、それに合わせた手や身体の使い方ができることを中心課題とし、手や指で触って確かめる力（環境の把握）や、活動に合わせて身体の動きを調整する力（身体の動き）を支えとして、始めと終わりや因果関係の学習（国語科・算数科）を重ねました。その結果、対象物の簡単な操作や、人に対する要求表出等の意図的な働きかけが増え、学習上、生活上の困難さの改善につながりました。

❶ 対象者の実態

　本事例の対象者は、小学部第１学年の女子で、脳性まひがあり、肢体不自由と知的障害を併せ有しています。知的障害のある児童に対する教育を行う特別支援学校の各教科（以下、「知的障害各教科」という）の目標、内容を取り入れた教育課程で学習をしています。

　四つ這いや独歩で目的の場所へ移動したり、気になったものに手を伸ばして取ったりすることができましたが、関心の持続は短く、滑らかに動いたり、力加減を調整したりすることは苦手でした。手にしたものは、口に入れたり、噛んだりした後、すぐに後方に投げてしまうことが多く、目に入ったものを触るために転々と移動するので、土や絵の具等を用いた学習や、決められた場所に長く留まることが困難でした。自己刺激的な行動もよく見られ、目の前で手を揺らして見たり、仰向けで身体を左右に揺らしたりするほか、自分の手の甲を噛んだり、髪の毛を抜いて口に入れたりするなどの、自傷につながる強めの行為も見られました。また、服や靴を脱ぎたがったり、対面での抱っこを嫌がってのけ反ったりする様子も見られ、そうした行為を止めようとすると、関わっている相手の髪を引っ張ったり、噛みついたりするなどの、他傷につながる行為も頻繁に見られていました。

　これらの行動は、噛んでも良い教材や、特定の場所にこだわらない活動に代替したり、本児の背面からの抱っこに切り替えたりするなどの、環境調整で改善できる部分もありますが、今後の生活をより充実させていくために、本人自身の行動改善に働きかけることが重要であると考えました。

❷ 指導すべき課題

（1）"気になる行動"とその背景要因を考える

　まず、学校生活や学習に取り組む上での困難につながる"気になる行動"について、その時の場面や対応から、原因や背景を考えました（表1）。

表1　"気になる行動"が見られる場面と、そこから考えられる背景

気になる行動	いつ？	教師はどうしている？	行動の背景は？
自分を叩く	○式典や集会 ・待ち時間が長い ○新しい教材や活動 ・初めてのことが多い ○寝起き ・ぐっすり眠れていない ・起きてすぐ活動がある	○車いすに座らせている ・行動が抑制されている ○説明が不十分 ・言語指示が多い ○校時に合わせて活動 ・授業時間に間に合うように起こして移動している	○触覚防衛反応？ ・何か分からないから攻撃して身を守っているのかも… →触る、見る、聞く等して「分かる」と受け入れられるかもしれない ・何か分からないから口の中に取り込んでいるのかも… →手や目で確かめられると口に入れずに遊べるかもしれない
噛む	○登校後 ・不慣れな環境 ・知らない人が多い ○グループ（5人）授業 ・音や動きの刺激が多い ・活動がどんどん変わる ・先生の話が多い	○一方的な身体接触 ・正面から抱っこをする ・手や顔を触る ○行動の抑制 ・自由な移動を制止する ・活動に合わせるように動きを誘導	○感覚のつまずき？ ・受け取れる感覚の幅が狭くて、過度に反応したり、強い力じゃないと届かなかったりするのかも… →気づいて受け止められる、心地よいと感じられる刺激の幅が広がると、自傷行為が改善されるかもしれない
口に入れる	○生活や図工の学習 ・畑に苗を植える ・絵の具で色を塗る ○玩具で遊ぶ ・ゴムやプラスチック等のいろいろな素材がある	○いろいろな素材を使用 ・自由に触れる環境設定 ・口を拭く回数が増加 ○自由遊びにしている ・口に入れないように手を止める回数が増加	○動かし方の未学習？ ・やりたい活動や意思表出のための動きが分からないのかも… →「○○のためにこう動く」が分かると、自傷や他傷、物投げ等の行動が改善されるかもしれない
投げる	○自由遊び ・いろいろな玩具が次々に目に入る ・"光る"や"鳴る"が多い ○教師と一緒に持つ ・一緒に筆を持って描く	○複数の玩具を提示 ・好きなものを選択できるように複数の玩具を配置 ○教師が手を誘導 ・教師の動きに合わせるように上から手を握り誘導	

　このような行動が見られた場面や、そのときの教師の対応を振り返ると、「それが何か」「どうすればいいのか」「いつまでやるのか」などが、本人にとって分からないことが背景にあると考えられました。

（2）"こうなったらいいな"に向けて"つけたい力"を考える

　上記のような"気になる行動"が、"場面に応じた適切な行動"に変わっていくと、今後の生活がより充実したものになると考えます。そのためには、「こうしたらいい」が分かり、そのバリエーションが増えていくことが重要ですが、そこに至るまでには、見る力、聞く力、身体を動かす力、感じる力などの積み上げが必要です（図1）。

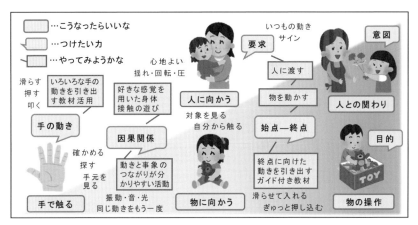

図1　"こうなったらいいな"の姿と、そのために必要な"つけたい力"のイメージ

今は、手よりも口が先行することが多く、力加減や方向の調整も難しいですが、教材や場面の意味（始めと終わり）が分かり、それに合わせた手の使い方などができるようになると、玩具で遊んだり、要求を示したりと、人や物との適切な関わりが広がっていき、それが"気になる行動"の改善につながっていくと考えました。

❸ 個別の指導計画 ···

（1）課題関連図から指導仮説を立てる

　上記のような実態把握に基づき、具体的な場面を挙げながら課題を抽出し、それらを関連付けて整理することで、中心となる課題を導き出しました（図2）。

　本事例では、自己刺激や物投げは、手の動かし方が意図的でないことからきていると考えられました。さらに、その背景には、「教材や活動の意味が分からない」ことや、「手の動かし方を知らない」ことなどがあると考えられます。

　そこで、「教材や活動の始めと終わりが分かる」こと、それに合わせて「意図的に手の動かし方を変えられる」ことが重要だと考え、自立活動の指導目標を右のように設定しました。

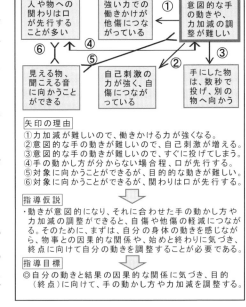

図2　課題関連図（一部抜粋）

（2）各教科の指導目標及び指導内容と、
　　自立活動

　各教科の指導目標については、児童の発達段階に即して、各々の教科の系統的な積み上げ

を目指し、学習到達度チェックリスト（徳永・田中，2014）を参考に、発達の段階・意義を捉えました。そして、それらを踏まえながら、学習指導要領に示されている目標及び内容と、現在の様子とのつながりを考え、指導目標や具体的な指導内容を設定しました（表2）。

本児は、知的障害各教科の1段階の資質・能力の獲得を目指す段階（知的代替の教育課程）で学習することとし、表2のような指導のステップを検討しました。

自立活動は、心身の調和的発達の基盤を培う"各教科等の学習の後ろ支えとなる学習"として位置付け、「各教科等の学習場面で行う配慮として扱う事項」と、「自立活動の時間の指導で扱う事項」とを関連させながら取り組むこととしました（表3）。

表2　育成を目指す資質・能力に向けた指導の系統性
（算数科：知識及び技能の項目）

学習指導要領算数科1段階（A　数量の基礎）	〈目標〉身の回りの物に気づき、対応させたり組み合わせたりすることなどについての技能を身につける。
	〈内容〉具体物に気づいて指を差したり、つかもうとしたり、目で追ったりする。（事物を対象として捉える。）
その後のステップ	事物を対象として捉え、それに合わせて手を使う。（目と手の協応）
	操作する手元に注意が向き、見て終わりを確認する。（手と目の協応）
	運動感覚で始めと終わりを感じ、身体を意図的に動かす。
今年度の指導目標	押す、入れる等、目的に合わせた簡単な手の動きの調整ができる。
現在の様子	衝動的に叩く、引き寄せる、投げる等が多く、手元への注意も少ない。（段階・意義…外界の探索と注意の焦点化）

第 **3** 章　**実践事例編**

表3　各教科（国語・算数）、及び自立活動の時間における指導内容の計画

指導目標		◎自分の動きと結果の因果的な関係に気づき、目的（終点）に向けて、手の動かし方や力加減を調整する。			
指導場面		年間指導目標	学習指導要領の対応区分	指導内容（例）	配慮として行う事項
国語	知・技	特定の音や言葉、動きと、活動の始まりや終わりとの関係に気づき、自ら動く。	知ー1段階言葉の特徴我が国の言語文化	視覚刺激の少ない環境で、声かけへの気づき＆相手に向けた行動を促す。 交互性のある遊びを介して、相手への関心や、意図的な働きかけを促す。	●眠くて学習に向かうことが難しい→ピーナツボールやトランポリンで上下に揺れ、周囲の関心や、要求表出等が見られてから学習を開始する。 ●金切り声をあげたり、床に頭をぶちつけたりしていて、学習に向かうことが難しい→ハンモックで大きく揺れる、肩や手を強めにタッピングする、身体にギュッと圧をかける等し、教師からの働きかけに注意が向いてから、学習を開始する。
	思・判・表	身近な人から話しかけられた状況を受け止め、関心をもって相手を見たり、働きかけるように手を伸ばしたりする。	知ー1段階聞くこと話すこと		
	学・人	好きな活動のある場面で、要求を示すように身近な人に働きかける。	知ー1段階		
算数	知・技	押す、入れる等、目的に合わせた簡単な手の動きの調整ができる。	知ー1段階数量の基礎	ガイドのある教材で、運動の方向性を教え、意図的な動きにつなげる。 滑らせて落とすと光る等の教材で、行動と結果をつなぐ。	
	思・判・表	自分の動きと、起きる事象の因果的な関係に気づき、意図的に働きかける。	知ー1段階数量の基礎		
	学・人	起きる事象に関心を向け、必要な行為を持続させる。	知ー1段階		
自立活動の時間の指導		身体を動かしたり、教材に触れたりすることを通して、感覚をしっかり受け止め、身体の動かし方や力の入れ方を調整したり、手元に目を向けたりしながら、簡単な活動や課題に、始めから終わりまで取り組む。	環境の把握（1）（4） 身体の動き（1）	感触の違いを手で触って確かめる。 動く活動で、始めと終わりへの気づきや、身体の動きの調整を促す。	

115

各教科等の指導目標を達成していくためには、学習に向かう姿勢づくり（覚醒状態や情緒が安定していること）が重要であるため、上記のような配慮を行います。一方、自立活動の時間の指導では、対象物を触って確かめること、教材操作に向けて力を適切に入れること、身体に入る感覚で活動の始めと終わりを感じること等の、様々な活動の基盤となる事項に重点を置き、指導を行いました。

❹ 指導の経過 ·······

　取り組み当初は、自傷に近い自己刺激的な行動や、衝動的な動きが多く、物にしっかり触れて見る、他者からの働きかけを受け止める、意図に合わせて身体の動かし方を調整する等の、学習の支えとなる力に弱さがありました。そのため、教師の言葉がけに対して応

表4　各教科（国語・算数）、及び、自立活動の時間における指導の経過

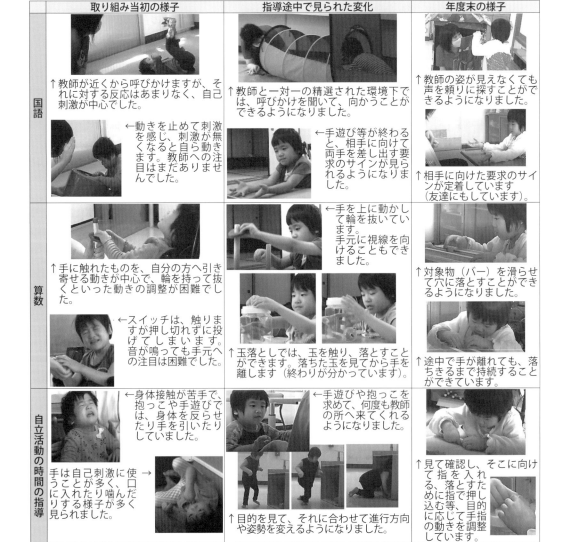

答したり、教材に応じて手を動かしたりする学習にも困難さが見られていました（表４）。

　しかし、揺れや振動等の心地よい刺激を身体でしっかり感じるという自立活動の学習の中で、その有無への気づきが外界への関心につながり、触れている手元や関わっている相手に目が向くようになりました。それに伴い、徐々に、言葉がけに反応したり、手を動かす方向を変えたりする様子が見られ始め、やがて、呼びかけた相手の所へ向かって移動したり、教材に合わせて手の動きを変えたりすることができるようになりました。

　同時に、「こうしたらこうなる」という簡単な因果関係への気づきも増え、相手に向けて要求のサインを示す、目的に応じて指先に力を入れる、終点に向けて物を動かす等の、取り組み開始時には見られなかった姿が頻繁に見られるようになりました。その結果、教材に取り組んだり教師と関わったりする時間が増え、学習時の自己刺激行動が減少しました。

❺ 指導の結果と考察（まとめ）

（1）指導の成果と課題

　人や物への意図的な働きかけが増えてきた背景として、手や指で触って確かめる力（環境の把握）や、活動に合わせて身体の動きを調整する力（身体の動き）を支えとして、始めと終わりや因果関係の学習（国語科・算数科）を重ねてきた結果、「それが何か」「どうすればいいのか」「いつまでやるのか」等が、少しずつ分かってきたことが考えられます。

　これにより、手にしたものを衝動的に口に入れる行動や、働きかけられた際の急な噛みつき等は改善され、土や粘土での感触遊びや、教師とのふれあい遊びを楽しみ、要求を示すこともできるようになりました。しかし、「気になる行動」がすべて改善されたわけではなく、自傷や他傷につながる場面もまだ見られています。また、「分かる」が増えたことで、本人のやりたい活動や行きたい場所も増えましたが、時間割や指定された場所に合わせることはまだ難しく、環境調整は必要不可欠です。

（2）まとめ

　学校生活や学習に取り組む上での困難につながる " 気になる行動 " は、行動を無理に変えさせるのではなく、本人が気づいて変えていくことが重要だと考えます。そのためには、原因や背景を考え、発達段階に応じて指導していくことが求められます。

　混沌とした中に、「分かる」こと、「できる」ことが増えていくと、それは子供たちの安心や自信となり、よりよく生きることにつながると考えます。そのために、私たち教師は日々学び、行動の背景を読み解く力を高め、指導を検討する必要があると考えます。

【引用・参考文献】
宇佐川浩（2007）感覚と運動の高次化からみた子ども理解. 学苑社
木村順（2006）育てにくい子にはわけがある－感覚統合が教えてくれたもの－. 大月書店
徳永豊・田中信利（2014）障害の重い子どもの発達理解ガイド. 慶應義塾大学出版会
Ａ・ジーン・エアーズ（2020）感覚統合の発達と支援－子どもの隠れたつまずきを理解する－. 金子書房

第**3**章 実践事例編

心理的な安定・人間関係の形成・コミュニケーション

会話の中で自分の気持ちを言葉にして、相手に伝えることが難しい事例

～人の気持ちや周囲の状況を理解し、自分の気持ちを伝える力を育てる指導～

千葉県立千葉特別支援学校　能登谷　可子

　会話の中で自分の気持ちを言葉にして相手に伝えることが苦手な児童の実態を踏まえ、ソーシャルスキルトレーニング（SST）を活用し、自立活動の心理的な安定、人間関係の形成、コミュニケーションを中心とした指導を行いました。その結果、教師からの言葉がけに対して「ありがとうございます」と返答したり、「嬉しいね」「すごいね」など自分の気持ちを言葉で表現したりする姿が見られるようになりました。「自立活動の指導の流れ図」を用いて指導すべき課題を整理し、自立活動の時間に加え、各教科や各教科等を合わせた指導においても、自立活動の指導の内容と関連付けて指導することで、児童に変容が見られ、指導の有効性が示唆されました。

❶ 対象者の実態 ･･

　児童（Cさん）は知的障害と診断されている、小学部4年生です。身近な児童や教師の名前を覚え、話しかける様子が見られます。「○○先生、○○を貸してください」「今日の昼休み、外で遊べますか」など、3語文前後で教師へ自分の要求を伝えたり、質問したりすることができます。また、「土曜日は何をしましたか」といった教師の問いかけに対して、「○○をしたよ」と、簡単な質問にも受け答えすることができます。一方で、会話の中で自分の気持ちをうまく伝えられない場面では、気持ちが不安定になる状況がたびたびありました。教師から称賛される場面では、「○○じゃない」など、適切な表現や応答ができないこともありました。また、他者の意図や感情の理解に困難さが見られていました。

❷ 指導すべき課題 ･･

（1）学習上又は生活上の困難とその背景

　はじめに、学習上又は生活上の困難とその背景を整理するために、『特別支援学校教育要領・学習指導要領解説　自立活動編（幼稚部・小学部・中学部）（平成30年3月）』を参考（一部項目の改編有）に「自立活動の指導の流れ図」（図1-1、1-2）を作成しました。

学部・学年	小学部第4学年
障害の種類・程度や状態等	知的障害。言葉でのやりとりはできるが、他者の意図や感情の理解に困難さがみられたり、相手に気持ちがうまく伝えられないもどかしさから、精神的に不安定になったりすることがある。
事例の概要	他者とのコミュニケーションを苦手としている児童に、やりとりの仕方を指導した事例

①障害の状態、発達や経験の程度、興味・関心、学習や生活の中で見られる長所やよさ、課題等について情報収集

・基本的に規則正しい生活を送っている。天候等の変化（雷等）が苦手で睡眠時に影響が出ることがある。
・文字やイラストで示された予定表や手順表を見て、内容を理解し活動に取り組むことができる。
・体操など手本を見ておおまかな動きを模倣できる。
・教師や友達の名前を覚えて関わることができる。
・教師から称賛される場面で「○○じゃない」など適切な表現や応答ができないときがある。
・自分の気持ちが言葉で相手に伝わらないもどかしさから、気持ちが不安定になることがある。

②－1　収集した情報（①）を自立活動の区分に即して整理する段階

健康の保持	心理的な安定	人間関係の形成	環境の把握	身体の動き	コミュニケーション
・基本的に規則正しい生活を送っている。天候等の変化（雷等）が苦手で睡眠時に影響が出ることがある。	・会話の中で自分の気持ちがうまく表現できず、相手に伝わらないもどかしさから、気持ちが不安定になることがある。	・教師や友達の名前を覚えて関わることができるが基本的に大人との関わりが主である。	・文字やイラストで示された予定表や手順表を見て、内容を理解することができる。	・体操など手本を見ておおまかな動きを模倣できる。	・会話の中で、適切な表現や応答ができない場面がある。

②－2　収集した情報（①）を学習上又は生活上の困難や、これまでの学習状況の視点から整理する段階

・学習活動の場で自分の気持ちを適切に表現したり、応答したりできない場面がある。自分の気持ちをうまく言葉で表現できず、相手に伝わらないもどかしさから気持ちが不安定になることがある。
・教師や友達の名前を覚えて関わることができる。大人との関わりが主である。

②－3　収集した情報（①）を○○年後の姿の観点から整理する段階

・思考や出来事を言葉にして自分の気持ちを表現する経験を重ねてほしい。
・人との言葉でのやりとりの仕方を学び、実際の生活場面で活用することができるようになり、情緒面でも安定した生活を送ってほしい。
・相手の立場や気持ち、状況に応じて、適切な言葉の使い方ができるようになってほしい。

③　①をもとに②－1、②－2、②－3で整理した情報から課題を抽出する段階

・他者の意図や感情の理解が難しい。（人，コ）
・自分の気持ちを、会話の中で相手に伝えることが難しい場面があり、気持ちが不安定になることがある。（心，人，コ）

④　③で整理した課題同士がどのように関連しているかを整理し、中心的な課題を導き出す段階

　中心的な課題として、自分の気持ちが相手に伝わらないもどかしさから気持ちが不安定になることが挙げられる。そのため、はじめは自己の感情や、表現に関する学習に取り組むことが必要であると考える。その後、段階的に他者の意図や感情理解について学習し、人間関係を形成していく必要があると推察する。これらの学習で学んだことを活かし、実生活において言葉での円滑なコミュニケーションが成立する経験を積み重ねることで、情緒の安定が図られると考える。
　また、状況に応じた返答の仕方を学習するだけではなく、実際に教師と会話でやりとりする経験を積み重ねることで、生活場面での適切な表現や応答につながると考える。これらの学習においては、視覚的な情報処理が得意な本人の強みを生かし、イラストカードを活用したり、実際に教師がやりとりを再現したりするなどの指導の仕方が望ましいのではないかと思われる。

課題同士の関係を整理する中で今指導すべき目標として	⑤　④に基づき設定した指導目標を記す段階
	具体的な会話でのやりとりを学び、場面に応じたコミュニケーションの仕方を身につける。

図1－1　自立活動の指導の流れ図（①〜⑤）

指導目標を達成するために必要な項目の選定	⑥ ⑤を達成するために必要な項目を選定する段階					
	健康の保持	心理的な安定	人間関係の形成	環境の把握	身体の動き	コミュニケーション
		(2)状況の理解と変化への対応に関すること	(1)他者とのかかわりの基礎に関すること (2)他者の意図や感情の理解に関すること	(5)認知や行動の手掛かりとなる概念の形成に関すること		(5)状況に応じたコミュニケーションに関すること

⑦　項目と項目を関連付ける際のポイント
・＜言葉での簡単なやりとりができるようになるために＞　人(1)と環(5)を関連付けて設定した指導内容が⑦アである。 ・＜実生活の場面で会話のやりとりができるようになるために＞　人(2)とコ(5)を関連付けて設定した具体的な指導内容が⑦イである。 ・＜場面に応じたコミュニケーションができるように＞　心(2)とコ(5)を関連付けて設定した具体的な指導内容が⑦ウである。

選定した項目を関連付けて具体的な指導内容を設定	⑧　具体的な指導内容を設定する段階		
	ア　会話などのやりとりを視覚的に示したソーシャルスキルトレーニングのプリントを活用し、自分や他者の気持ちを視覚的に理解する。	イ　ロールプレイング（役割演技）を行い、他者との関わり方について具体的な方法を身につける。	ウ　困ったときや称賛を受けた場面でどのように返答したらよいかなど、実生活で想定される場面を取り上げ、教師と言葉でのやりとりを練習し、場面に応じた表現方法について学ぶ。

図1-2　自立活動の指導の流れ図（⑥～⑧）

（2）指導すべき課題の整理

　指導すべき課題を整理した結果、Cさんの課題は図1-1の③に示した、以下の二つであると考えました。

・他者の意図や感情の理解が難しい。

・自分の気持ちを、会話の中で相手に伝えることが難しく気持ちが不安定になる。

　二つの課題の中でも「自分の気持ちを、会話の中で相手に伝えることが難しく気持ちが不安定になる」が最も重要な課題であると捉えました。Cさんの場合、プリント学習等で会話文の文例を記入する学習だけでは、実生活に般化することは難しいと考えました。そこで、日常生活の指導、自立活動の指導、その他の各教科や各教科等を合わせた指導など学校生活全般を通じて、上記の二つの課題を意識して指導することとしました。

❸ 個別の指導計画

（1）指導方針

　どの授業でも、共通して行う手立て・配慮として、次のようなことをCさんに関係する教師間で共通理解しました。大きくは教師との関わりです。具体的な内容として、言葉のやりとりでの成功体験を積み重ねるために、関わる人をはじめは担任、そして学年、学部、学部外の教師と徐々に広げていくことにしました。このように、段階的に様々な人と接す

る中で、受け答えをし、成功体験を積み重ねることで自己肯定感が高まり、心理的な安定にもつながるのではないかと考えました。

（2）個別の指導計画

①　指導目標

　図１－１の④から課題同士の関係を整理した中で、今指導するべき目標として、「具体的な会話でのやりとりを学び、場面に応じたコミュニケーションの仕方を身につける」と考えました。また、指導目標を達成するために必要な自立活動の項目の選定（図１－２の⑥）をし、項目を関連付け、具体的な指導目標を次の二つに整理しました。

　　１）自分や他者の気持ちを視覚的に理解したり、他者との関わり方について具体的な方
　　　法を身につけたりする。
　　２）場面に応じた表現方法を学び、学習や生活場面で教師へ自分の気持ちを言葉で伝え
　　　ることができるようにする。

②　指導内容・方法

ア）自立活動の時間の指導

　会話などのやりとりを視覚的に示した SST のプリント等を活用し、自分や他者の気持ちややりとりを視覚的に理解できるようにしました。また、プリントで学習した場面について教師と一緒にロールプレイング（役割演技）を行い、他者との関わり方について具体的な方法を身につけられるようにしました。

イ）各教科等における自立活動の指導

　国語科の学習の一つとして、学校生活の一日を振り返り、日記を書く活動に毎日取り組みました。具体的には、「いつ」「どこで」「何を」「どうした」「どう思った」の項目に沿って、文字で表現する学習に取り組みました。それに加え、自立活動の観点から「どう思った」の部分にさらに焦点を当て、気持ちを表す言葉には様々な表現があることを「気持ちカード」（写真１）

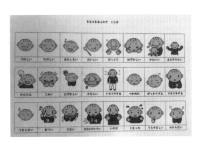

写真１　「気持ちカード」

を用いて学習しました。また、体育科や音楽科などの授業では活動に対して感想を発表するなど自分の気持ちを言葉で表出する機会を、意図的に設定するようにしました。

ウ）各教科等を合わせた指導における自立活動の指導

　本校では、年間を通して生活単元学習に取り組んでいます。生活単元学習の実施に当たり、単元全体で育成を目指す資質・能力（評価規準）と個の評価基準を設定し学習に取り組みました。Ｃさんにおいては、各教科等を合わせた指導においても自立活動の心理的な安定や人間関係の形成、コミュニケーションの項目も意識した個の評価基準を設定し、学習に取り組みました。

❹ 指導の経過 ···

（1）自立活動の時間の指導

　本校では、日課表に「課題学習」の時間を設定しています。具体的には個別の指導計画に基づき、国語、算数、自立活動の目標の達成に向け、児童の個々の課題に応じて学習を行っています。本事例では「課題学習」の時間を活用し、SST を用いて会話の場面をイラストと文字で視覚化し、教師と一緒に吹き出しに入る言葉を考えたり、それぞれの登場人物の気持ちを考えたりする学習に取り組みました。

（2）各教科等における自立活動の指導

　国語科の学習においては、項目に沿って学校での出来事を振り返り、日記を書く学習に取り組みました。特に「どう思った」の気持ちを文字で書く項目について自立活動の指導と関連させ、学習に取り組みました。はじめは「楽しかった」という表現が主でした。「気持ちカード」等視覚的な手立てを活用し繰り返し取り組むことで、「おもしろかった」「またやりたい」など表現の幅が少しずつ広がってきました。

（3）各教科等を合わせた指導における自立活動の指導

写真2　保護者へ宛てた手紙

　7月に実施した生活単元学習「プレゼントをおくろう」では、プレゼントを送りたい家族や、友達を自分で決めて、手作りのうちわに手紙を添えてプレゼントするという学習に取り組みました。本単元では、プレゼントを贈るだけではなく、友達からプレゼントを受け取るという経験をしました。プレゼントを受け取る場面では、友達に「ありがとう」と伝え、両手で嬉しそうにプレゼントを受け取る様子が見られました。写真2は実際にCさんが家族へ宛てて書いた手紙です。家庭で家族にプレゼントを渡すときには「ありがとう」と言って手渡すことができたそうです。プレゼントをもらうことは嬉しいという経験を重ねることで、素直に自分の気持ちを表出することができました。

❺ 指導の結果と考察（まとめ） ···

（1）指導の結果

① 　目標「自分や他者の気持ちを視覚的に理解したり、他者との関わり方について具体的な方法を身につけたりする」について

　普段から、アニメーションに興味・関心があることから、イラストを学習に取り入れることで、「SST やろう！」と教師に伝えるなど意欲的に学習に取り組む姿が見られるようになりました。また、実際にイラストをもとにロールプレイングをすることで、言葉に抑揚をつけたり、感情を込めて話したりすることができるようになってきました。写真3は、

実際に授業で使用した SST の学習プリントの一例です。
Ｃさんは、自分からどんな言葉が入るかを考え、吹き出し
に言葉を書くことができました。さらに、「今度は交代し
てやろう」など教師に役割の交代を提案し、楽しみながら
学習に取り組む様子が見られました。

② 目標「場面に応じた表現方法を学び、学習や生活場面
　で教師へ自分の気持ちを言葉で伝えることができるよう
　にする」について

写真3　学習プリントの一例

例えば、4 年次の 1 学期に担任から「すごいね」「かっこいいね」と称賛される場面で、
「すごくない」「かっこよくない」と自分の気持ちを素直に表現することができなかったＣ
さんが、2 学期以降は「Ｃさん、かっこよかったよ」という担任からの称賛に対して、「あ
りがとうございます」と返答することができるようになりました。また、「Ｃさんが手伝っ
てくれて助かったよ」という言葉がけに対しては「どういたしまして」と答える姿が見ら
れるようになりました。

さらに、担任以外の教師にも称賛され、自分の気持ちを表現する経験を積み重ねること
で、Ｃさんからは「たくさん褒められるって嬉しいね」「ぼくの応援団がまた増えたね」
と前向きな言葉が多く聞かれるようになりました。また、「ありがとうございます」と担
任に伝えた後に「嬉しい?」と教師の気持ちを確認する場面も見られるようになりました。
自分が伝えた言葉で、相手がどのように感じるかなど、相手の気持ちを意識するようになっ
たことは大きな変化であると言えます。さらに周りの児童に対しても、「○○君はすごいね」
「○○さん上手だね」など、言葉で伝える場面が見られるようになりました。これらの様
子からＣさんが相手の気持ちを理解し、場面に応じた適切な言葉を用いて、相手である教
師に返せるようになってきたと推察されます。

（2）まとめ

自分の気持ちが相手に伝わらないもどかしさから、気持ちが不安定になることが大きな
課題である児童に、自立活動の指導で、コミュニケーションに関する学習を取り上げ、適
切な会話のやりとりを学習することから始めました。Ｃさんの場合、イラストカードで視
覚的に会話でのやりとりを学習し、教師と一緒に役割演技をして反復学習を行いました。
また、学習や生活で類似場面を意図的に設定し、経験を積み重ねることで、場面に応じた
返答ができるようになってきたと考えます。このように、自立活動の指導と、各教科等の
学習場面、さらに各教科等を合わせた指導を関連付けて指導していくことが、Ｃさんの変
容につながったのではないかと推察します。今後も、実生活につながる会話のやりとりの
学習を積み重ね、Ｃさんの他者との関わりがより豊かになるように支援していきたいと思
います。

行動の抑制が苦手で集団参加が難しい事例
～ルールを意識し、自分の行動の調整を目指した指導～

青森県立青森第二養護学校　千葉　新一

　行動を抑制することが難しく、他者に対して不適切な行動に至ってしまう生徒の実態を踏まえ、集団参加のルールを意識し、自分の行動を調整することを課題とし、小集団で本生徒が好きな体を動かす活動を中心とした指導を行ったところ、不適切な行動が軽減し、ルールを守って集団参加するようになりました。この結果から、参加しやすい学習環境の設定と事前のルール提示、自己理解の促す指導を行うことが重要であることが示唆されました。

1 対象者の実態

　中学部2学年、男子、自閉症、知的障害。日常生活に必要な生活習慣は、細かい部分で支援を要しますが概ね自立しています。日常使われる簡単な言葉を理解し、言語指示で行動することができます。文字やイラスト等の視覚情報を添えて伝えると、より理解しやすいです。要求や依頼は1～2語文の言葉で伝えます。独り言のように、ヒーロー番組のセリフを話していることがあり、周囲の大人に、ヒーローのセリフを言ってもらったり、ポーズをしてもらったりすることを好みます。一方で、教室にある個別のスペースで、お気に入りの毛布にくるまりじっと過ごしていることもあります。感覚の過敏さやこだわりがあり、他の子供の泣き声で不機嫌になったり、気になる教師や友達に近づき、触ろうとしたりする行動が見られます。自分の思い通りにならなかったり、指示介入が入ったりすると、大声で叫んだり、周囲の人を叩いたりすることがあります。体を動かすことが好きで、マラソンやダンスに進んで取り組む一方で、その場で待っていたり、座り続けたりすることが苦手です。集団活動では前に出ている教師に注目したり、流れに沿って他の生徒と一緒に活動したりすることに難しさがあり、個別的な指示が必要です。

2 指導すべき課題

（1）学習上又は生活上の困難とその背景要因

　自分の思い通りにならなかったり、活動中に指示による介入が入ったりすると、大声で叫んだり、周囲の人を叩いたりすることがあるほか、集団活動では前に出ている教師に注目したり、流れに沿って他の生徒と一緒に活動したりすることに難しさがあるなどの状態につい

て、本生徒の指導に関わる教師でケース会を行い、
背景要因を探りました。

【「**大声で叫んだり、周囲の人を叩いたりする**」こ
とについて】自分の行動を抑制することが難しく、
他者に対して不適切な行動に至ってしまうことが
頻繁だったことから、本生徒は小学部から中学部
１年にかけて担任とほぼマンツーマンで過ごして
きました。その間、担任と安定した関係を築くこと

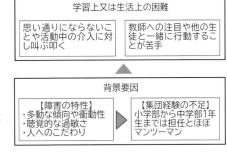

図1

や本生徒の意向も取り入れた見通しをもちやすい日課を組み立てることで少しずつ落ち着き、
他者に対する不適切な行動も減ってきました。そこで、筆者が担任した中学部２年より集団で
の活動を増やしていきました。集団になると自分の思い通りにならなかったり、手順やきまり
を受け入れたりする必要のある場面が増えます。そのため、集団活動の経験が少ない本生徒は
うまく適応することが難しく、不適切な行動をしてしまうのではないかと考えました。

【「**集団活動では前に出ている教師に注目したり、流れに沿って他の生徒と一緒に活動した
りすることが難しい**」ことについて】まずは上記に示したように集団活動の経験の少なさ
によるのではないかと考えました。また、本生徒は個別スペースで毛布にくるまっている
時間以外は、常に動き回っている状態です。様子を観察すると、急に叫びながら跳び上がっ
たり、地団太を踏むように足を何度も踏み鳴らしたりするなど、本生徒自身も抑えきれな
い衝動に駆られ引き起こされているようにも思えます。そういった多動な傾向や衝動性が
集団参加を難しくしているのではないかと考えました。さらに聴覚的な過敏さや特定の教
師や生徒が気になってしまうこだわりも背景要因の一つとして考えました。

（2）指導すべき課題の整理

　本生徒の課題としては大きく二つ考えました。

①　集団に参加するために必要とされるルールを守ること

　集団活動の経験の少なさから不適切な行動に至ってしまうと考えられることから、あら
かじめ集団に参加するために必要とされるルールを理解し、実際に小集団での活動を通し
て繰り返し学んでいく必要があると考えました。

②　自分の感情や感覚の過敏さについて理解すること

　本生徒は、多動な傾向や衝動性、聴覚的な過敏さやこだわり等、障害の特性による様々
な学習上又は生活上の困難さを抱えています。そのため、まずは情緒が不安定になった際
に、教師からの休憩の提案に応じたり、苦手な状況を避けるために別の場所に移動したり
する等、自分の感情や感覚の過敏さを理解し、気持ちを落ち着かせることができるように
することが大切であると考えました。

　この二つの課題を整理すると、まず本生徒が抱える障害の特性による困難さが、人との

適切な関わりや集団への参加を妨げていることが分かります。そのため、その困難さを軽減し、本生徒が自分の力を可能な限り発揮できるように学習環境を整えた上で、人との適切な関わりや集団への参加を促すための指導をしていくといったステップを踏むことが大切であると考えました。

①まずは、学習環境を整えた上で…

【本生徒の障害の特性】	
・多動な傾向や衝動性 ・聴覚的な過敏さ ・人へのこだわり	・安心できる居場所 ・発散できる活動 ・聴覚過敏への対応 ・こだわりへの対応 以上のことを教師間で共通理解

②集団での活動へチャレンジ！（小集団から）

・ルールを守って参加　・人との適切な関わり

図2

❸ 個別の指導計画 ……………………

（1）指導方針

中学部1年生まで主に担任とマンツーマンで過ごしてきた経緯を踏まえ、まずは本生徒が小集団の中で、可能な限り情緒的に安定して学校生活を送ることができるようになることを目指すことにしました。そのうえで「指導すべき課題の整理」で掲げた二つの課題について取り上げていくことにしました。

具体的な方策としては、情緒的に安定して学校生活を送ることができるように、前年度までの支援を踏襲し、見通しをもって活動に取り組めるようにイラストと文字の入ったカードによる個別スケジュールを提示しました。その際は、本生徒のお気に入りの毛布で休憩する活動も合わせて提示するようにしました。また、教室の一角にジョイントマットを敷き衝立を立てることで、本生徒固有のスペースを確保しました（写真1）。

そして、本生徒の障害による学習上又は生活上の困難を教師間で共通理解した上で、本生徒の気持ちを理解することに努め、情緒が不安定になった際の興奮を鎮める方法や自分の気持ちを伝えるなどの手段を身につけられるように指示や提案を工夫するようにしました。また、どの授業でも、あらかじめ集団に参加するためのルールをイラストと文字の入ったカードを用いて確認することにしました。

写真1　衝立を利用した個人スペース

（2）個別の指導計画

①　指導目標

指導目標を、大きく二つとしました。

1）ルールを守って集団活動に参加する。

2）情緒が不安定なときに、自分の気持ちを伝えたり、落ち着くための教師の提案を受け入れたりする。

②　指導内容・方法

ア）自立活動の時間の指導

本生徒の課題の中で、中心的な課題と考えられ、他の課題との関連が強いと思われる「ルールを守って集団活動に参加する」ことについて、まずは学級単位の小集団による体

表1　個別の指導計画

指導目標
1）ルールを守って集団活動に参加する。 2）情緒が不安定なときに、自分の気持ちを伝えたり、落ち着くための教師の提案を受け入れたりする。

	指導内容・方法等
自立活動の時間	○題 材 名　「一緒に体を動かそう」（週1回45分） ○ね ら い　・ルールや順番を守って参加する。 　　　　　　・キャッチボール等を通して、教師や友達と適切に関わる。 　　　　　　　【人間関係の形成】【身体の動き】【コミュニケーション】 ○学習内容　・基本的な動きの模倣 　　　　　　・キャッチボール、的当て、玉入れ、ケンケンパ、二人三脚等
各教科等	○「今日の気分は？」（毎日の朝の活動） ○ね ら い　・自分の気分や気持ちに気づき、表情マークから選択する。 　　　　　　　【健康の保持】【心理的な安定】 ○学習内容　・朝の連絡帳を記入する際に、「ハッピー」「まあまあ」「イライラ」等の表情マーク 　　　　　　　から、そのときの自分の気分を選択し、教師と確認する。
	○「約束を確認しよう」（授業の前後、落ち着かないとき） ○ね ら い　・ルールや順番を守って授業等に参加する。【人間関係の形成】【コミュニケーション】 ○学習内容　・授業の始めに集団に参加するためのルールをイラストと文字の入ったカードを用い 　　　　　　　て確認し、活動後には自分の行動を振り返る。
	○「自分の気持ちに気づこう」（情緒が不安定なとき） ○ね ら い　・教師が提案した興奮を鎮める方法を受け入れる。 　　　　　　・自分のつらい気持ちを理解し、休憩等をして落ち着く。 　　　　　　　【心理的な安定】【人間関係の形成】【コミュニケーション】 ○学習内容　・教師が提案した興奮を鎮める方法を受け入れたり、自分のつらい気持ちに気づき休 　　　　　　　憩したりする。

を動かす学習を通して指導することにしました。体を動かすことは本生徒が好きな活動であり、多動な傾向や衝動性を発散させる活動としても期待できます。好きな活動を通して、「順番を守る」「静かにする」等の集団参加のルールを身につけるとともに、身近な教師や生徒と適切に楽しく関わることができればよいのではないかと考えました。

イ）各教科等における自立活動の指導

どの授業でも、あらかじめ集団に参加するためのルールをイラストと文字の入ったカードを用いて確認し、活動後には本生徒が自分の行動を振り返る機会を設け、ルールを守ることができたときには称賛するようにしました。そして、情緒が不安定になった際は、教師が提案した興奮を鎮める方法を受け入れたり、自分のつらい状況を理解することで休憩したりできるように指導してい

写真2　連絡帳の表情マーク

くことにしました。また、自分の気分や気持ちに気づくことをねらい、朝の連絡帳を記入する際に、「ハッピー」「まあまあ」「イライラ」の顔の表情マークから、そのときの自分の気分を選択し、教師と確認する活動に取り組むことにしました（写真2）。

❹ 指導の経過

（1）自立活動の時間の指導

ここでは「一緒に体を動かそう」のキャッチボールの指導の経過を取り上げます。指導

は学級単位の小集団で行いました。生徒数は本生徒を含め5名です。5名中4名が自閉症あるいは疑いの診断があり、対人関係や社会性に課題を抱えています。また、本生徒と同様に多動な傾向の生徒や、その場に留まり指示に合わせて行動することが難しい生徒が多いです。毎回、授業の始めに「順番を守ります」「静かにします」の二つのルールを本生徒と確認しました。キャッチボールに使用するボールは、ぶつかっても痛くないように新聞紙を丸め、ドッチボール大にしたものをガムテープで留めて作成しました。

以下、1年間の指導の経過を3期に分けて述べていきます。

① 第1期（2020年4月～7月）

写真3　座ってキャッチボール

指導初期は、立った状態だと動き回ったり、ボールに注目したりすることが難しい生徒が多かったため、いすに座って行いました。まずは、教師と向き合い、近い距離から行いました（写真3）。本生徒は、呼名に応じて自分からいすに座り、教師とボールを介したやりとりを行うことができました。この時期、他の授業においては、様々なきっかけにより不適切な行動が毎日見られていましたが、この活動は小集団で順番等の見通しがもちやすく好きなものでもあるためか、比較的落ち着いてスタートすることができました。

② 第2期（8月～12月）

写真4　立ってキャッチボール

この時期からは立ってキャッチボールを行いました。最初は教師と行い、次第に生徒同士でキャッチボールする機会を設けていきました（写真4）。生徒同士の活動では、事前にキャッチボールの回数を伝え、やさしく投げることを確認しました。本生徒は普段、学級の生徒と関わることはあまりありませんが、キャッチボールの際には、相手に合わせて決められた回数キャッチボールをすることができるようになりました。

③ 第3期（2021年1月～3月）

生徒同士のキャッチボールにおいて、やりとりしたい相手を指名するようにしました。本生徒もやりとりしたい相手をその都度替えて指名する様子が見られました。また、他の生徒から指名された際にも、それに応じてキャッチボールをすることができるようになりました。また、キャッチボールが苦手な生徒には取りやすいボールを投げるなど、相手に応じたやりとりをする様子が見られるようになってきました。

（2）各教科等における自立活動の指導

授業の始めに「よい姿勢」「静かにします」等のルールをカードを用いて確認しました。授業後には、ルールを守れたかどうかを自分で評価したり、教師が評価したりする場面を設けました。その際に、シールを使って称賛したところ、より意識しようとする様子が見

られたため、以後シールを活用するようにしました。落ち着かないときには、その都度、カードを提示しました。カードを提示しても情緒の不安定さを自分で調整することが難しいと教師が判断した場合は、その場から一時離れたり、休憩したりするように提案しました。

❺ 指導の結果と考察（まとめ）……………………………………………………

（1）指導の結果

① 目標「ルールを守って集団活動に参加する」について

「一緒に体を動かそう」の活動は、小集団で順番等の見通しがもちやすく好きな活動のためか比較的落ち着いて活動をスタートさせることができました。最初は教師とキャッチボールを行い、次第に生徒同士でキャッチボールをすることができるようになりました。普段は他の生徒との関わりは少ないのですが、この活動では、一緒にやりたい生徒を進んで指名したり、相手に合わせて取りやすいボールを投げたりする様子が見られるようになりました。

② 目標「情緒が不安定なときに、自分の気持ちを伝えたり、落ち着くための教師の提案を受け入れたりする」について

落ち着かないときにルールを提示するようにした結果、「小さい声（で話します）」とルールを自分に言い聞かせるように話したり、イライラしているときに、「だいじょうぶ」「おちついて」等、高ぶる感情を抑えようとする自分に対して発していると思われる言葉が繰り返し聞かれたりするようになりました。また、イライラしたときに叩く行動ではなく、教師の腕などを手のひらでトントンと触れる動作をする等、許容できる範囲の行動に置き換わってきました。一方、情緒が不安定で自分で調整することが難しいと教師が判断した場合は、その場から一時離れたり、休憩したりするように提案しました。その際は、怒っている顔の表情マークを見せ、「イライラしているから休憩しよう」と促しましたが、「イライラしない！」と自分の気持ちを認めない様子が見られました。怒ったり、イライラしたりすること自体が許されないとこだわっているようにも思われます。自分の気持ちを理解し、気持ちを落ち着かせるための対処の方法を学ぶことが今後の課題です。

（2）まとめ

自分の行動や感情を調整し、ルールを守って集団参加することが課題である生徒に、自立活動の指導の時間で、小集団で体を動かす学習を取り上げ、ルールを意識することから指導を始めました。教師や他の生徒との関わりを通して、「順番を守る」「静かに待つ」といったルールを守ろうとする意識が高まりました。本生徒の苦手なことばかりに注目するのではなく、得意なことを取り上げたことが成長につながったと思われます。また、情緒が不安定なときに、自分の気持ちを理解する学習に取り組みました。将来的には、自分の情緒の状態を把握し、休憩を申し出るなど、本生徒自身がより学習や生活をしやすい環境をつくっていけるように指導していければよいのではないかと考えます。

心理的な安定・人間関係の形成・環境の把握・コミュニケーション

心を落ち着けて、安心して日々の生活を送ることが難しい事例

～社会の一員になるために社会性の習得を目指した指導～

鳥取県立琴の浦高等特別支援学校（前 鳥取県立米子養護学校）　**槇野　英恵**

高等部1年時と3年時に取り組んだ事例です。情緒の安定を困難とする生徒の実態を踏まえ、生徒が興味をもった積み木を教材として、規則性（ルール）についての理解を深める学習内容を中心に指導を行いました。その結果、情緒の安定により他害が減少し、文字や言葉を介しての手段が増えたことによりコミュニケーション力の向上、人間関係の広がり等につながり、卒業後スムーズに就労先へ移行ができ、落ち着いて社会の一員として生活しています（前任校での実践です）。

❶ 対象者の実態

高等部1年生、女子、広汎性発達障害（知的障害・自閉性障害）。本校へは中学部より在学し、中学部2年より重複学級に在籍しています。高等部入学時には、友達と仲よくしたい、一緒に活動したい気持ちはありましたが、自分の思いをうまく伝えられないことからくる不適切な行動（髪を引っぱる、かみつく、相手を押す等）が見られました。他の生徒が指導されているときには、自分が怒られていると思い、近くにいる友達や教師を押すことがありました。また、待ち時間が長い、自分の意に反することを指示されると受け入れられない、楽しいことやしたい活動があると気持ちがたかぶり、大きな声でしゃべり続ける、説明を最後まで聞けない等、集中力の持続が難しい様子も見られました。さらに、集団の中に入っての活動を怖がる等、情緒の不安定さによる様々な困難がありました。身体機能に目を向けると、歩行は不安定で、壁に手を添えながら、あるいは教師の腕にしがみついて歩く状態でした。認知面では、文字に興味をもっていて50音は読め、生活場面でよく使用する「おにぎり」や教科名等の単語を読むことはできました。しかし、1文字カードを使用して「おにぎり」と表記するときには、完成した単語は「おにぎり」ですが、読みと同じ順番に文字を並べることが難しかったり、「る」と「ろ」や「わ」と「れ」等、似た字を読み間違う等、じっくりと見比べて違いを見分けたりすることが苦手な様子が見られました。

❷ 指導すべき課題 ＜1年次＞

（1）学習上又は生活上の困難とその背景要因

本生徒の自分の思いをうまく伝えられないことからくる不適切な行動等の背景要因とし

て、①不快や不安な思いを伝えることができず、相手を押したり叩いたり等の行動にでてしまう、②褒められていることも相手によっては怒られていると勘違いしてしまう、③身体支援を受け入れることが難しく、身体のゆるめや不適切な身体の使い方の修正が難しい、の三つが考えられました。本生徒は、学習や生活において不快や不安な思いを伝えられないことから不適切な行動をしてしまい、その行動の結果、周囲の反応によりますます不安を強めてしまうのではないか。自分としてやむにやまれずに行った結果が失敗経験となり、人への信頼を低下させ臆病になっているのではないか。こうした状態でよく分からない刺激があると不適切な行動になってしまうのではないか、と考えました。

（2）指導すべき課題の整理

①　成功体験を積むことで、自己肯定感を高める

　本生徒が、興味・関心をもって取り組むことができる弁別・マッチング学習において成功体験を積ませ、自己肯定感を高めることができるのではないかと考えました。また、文字を読むときの規則性の理解（横文字は左から読む等）を深めるために、文字カードを順番に並べることで文字の読みの習得につながるのではないかと考えました。

②　視覚・聴覚から、自分に必要な情報を入手することができる

　①の課題を行うに当たっては、視覚と聴覚からの情報を同時に用いないようにすることで生徒が情報を入手しやすく、また整理しやすくなり、過剰な刺激が減少するのではないかと考えました。

❸ 個別の指導計画 ……………………………………………………………

（1）指導方針

　1学期は、キーパーソン（担任・重複主任・グループチーフ）が中心になって生徒との関わりや学習を行い、その後、学部内・コース内（重複）で指導や生徒の関わり方について共通理解を図り、少しずつ人間関係を広げていくことにしました。

（2）個別の指導計画（表1）

①　指導目標

　指導目標を、大きく二つとしました。

　1）数色の五つの積み木を、見本を見て正しく積んだり、並べたりすることができる

　2）ひらがなの1文字カードを使用し、4～6文字の単語を順番に並べることができる

②　指導内容・方法

ア）自立活動の時間の指導

　ていねいに時間をかけて行う内容で、生徒自身も楽しんで行っている学習です。生徒が興味をもった教材を取り入れ、できたという実感や達成感をもちやすい内容です。

イ）各教科等における自立活動の指導

　イラストカードを使用し、左から順番に1文字カードを並べる学習です（ただし、積み木の学習で、規則性の理解がある程度積み上がってから行います）。

表1　個別の指導計画（高等部1年次当初の計画）

	自立活動の時間	各教科等
指導内容	①文字カードの学習：見本を透明のプラスチック容器に入れて提示 ☆左から並べることを意識して行う（横文字を読む順番） ☆同じ色を続けて並べない ②積み木の学習：「できました」と生徒の報告を受けてから確認 ☆指差しをしながら、見本と生徒の作成した物との1対1対応ができるようにして確認（青・青　赤・赤…） ＜ステップ1＞ 　数色の四つの積み木を、見本どおりに積み重ねたり並べたりする ＜ステップ2＞ 　数色の五つの積み木を、見本どおりに積み重ねたり並べたりする	①イラストカードを提示 ②何のイラストか声に出して答える ☆ゆっくりと1文字ずつ確認して読む習慣を身につけることを含む ③答えた内容（言葉）が合っているかカード（文字）を見て確認 ☆自分（生徒自身）の発した言葉（音声）・文字・イラストの関連性をつなげることを意識して行う ④「できました」と生徒の報告を受けてから確認 ☆指差しをして、1文字ずつ声に出して確認（教師） ☆合格したら、1文字カードをもとの場所に戻す（生徒） ＜ステップ1＞ 　4文字の単語を順番に並べる ＜ステップ2＞ 　5～6文字の単語を順番に並べる

❹ 指導の経過〈1年次・3年次〉

（1）1年次の経過

①　自立活動の時間の指導

ア）積み木の学習

　本生徒は、視覚からの情報入手が得意だったので、学習内容をはじめに見せたり、指さしをしたりして伝えることを意識して取り組みました。また、生徒が使用する積み木は、必要な数だけ提示し、終わりが視覚的に分かるようにすることで、落ち着いて取り組めるようにしました。生徒がセルフチェックをしてから教師に報告することも取り入れると、じっくりと見比べることが増え、あるときから「よし！」と発言し、笑顔で自信満々に「できました」と報告するようになりました。

イ）その他の学習への応用

　簡単な指示書（3～5工程程度）を使用して一人で作業したり、セルフチェックをしたりすることで、何度も質問をすることやミスが減り、やり直しの指示にも、素直に応じることが増えました。

②　各教科等における自立活動の指導

　順番に指さしをして文字を読むことが定着してくると、他の学習時でも短文を指さししながら声に出して読む姿が増えました。文字に興味をもつことが増え、分からない文字は教師へ聞いたり、漢字にルビを書くよう依頼したりするようにもなりました。

（2）3年次の経過

　高等部1年次の指導で一定の成果をみることができましたが、2年次には筆者が指導の担当から離れることになりました。生徒が3年次になり、再び指導担当になりました。3年次になった生徒の様子を踏まえ、改めて指導すべき課題を整理することから指導をスタートさせました。

①　3年次当初の様子

　3年生の4月は、周りを必要以上に見る、教室へ入るなり担任に質問する、授業担当の教師や友達の動向を知りたがる等、情報収集をする様子が見られました。担任が教室から出るときどこに行くのか確認したり、一緒について行こうとしたりするときもあり、誰かと一緒に歩くとき「待って」と言う等、不安感をもっている様子が見られました。また、全体指示で新しい情報を伝えたときには「書いて」と言い、文字に書いて提示すると見て確認し、納得すると活動を行う様子が見られました。

②　指導すべき課題の整理

　そこで、3年次の本生徒の課題として大きく二つを考えました。

ア）細部視知覚（細かいところを見分ける）の再強化

　1年次に行った学習をベースに、文字や細部視知覚の学習を深めることにしました。ひらがなや生活場面で使う簡単な漢字が読めるようになると、自分の意思を伝える手段を増やすことができるのではないか、また、4月に「私も字を書きたいの」と生徒が言った夢を目標にすることで、達成すれば自信につながるのではないかと考えました。

イ）環境を整える

　新しい環境に適応する力を育成することで「自己肯定感・責任感の向上」、生徒の実態や様子を理解している人を増やすことで「安心して過ごせる環境・人間関係の広がり」、相手に伝わるよう自分の思いを伝えることで「情緒の安定」につながるのではと考えました。

③　指導方針

　1年次の学習の発展として学習計画を立て、生徒自身が学習の順番や目標を決めて教師へ報告する、自分で必要な教材の準備・片付けをする活動も行いました。また、学習の成果等、様々な場面で他の人（教師・友達・家族等）へも伝える場を設定し、他者評価されることでさらなる自信につなげるようにしました。

④　個別の指導計画

ア）指導目標

　i ）数色の九つの積み木を、見本を見て左から順番に並べたり、正しく積んだりすることができる

　ii）見本を見て、連絡帳を書くことができる

　iii）相手に伝わるよう、自分の思いを伝えることができる

イ）指導内容・方法

1）自立活動の時間の指導

1年次の積み木の学習が定着しているのを確認した上で、2列×3個、3列×2個の学習をゆっくりとていねいに行い、その後3列×3個に取り組む。

2）各教科等における自立活動の指導

生徒の夢である「字を書く」ことにつながるよう細部視知覚の学習と連動して行うこと、また、文字・イラスト・声に出して読む（音声）がつながることを意識して取り組む。

3）各教科等における指導等

読みがたどたどしい、会話が早口になる等、相手に伝わりにくい傾向がありました。そこで、朝の会や帰りの会での司会、放送当番、みんなの前で発表する場を設定し、自分の思いを伝える経験を積み重ねることにしました。

表2　個別の指導計画

指導内容	自立活動の時間	各教科等
	①数色の六つの積み木を、見本を見て2列×3個、3列×2個を左から順番に並べたり、積んだりする ②数種類の九つの積み木を、見本を見て3列×3個を左から順番に並べたり、積んだりする ☆②の学習は、①が定着してから積み木を一つずつ増やしていく	<ステップ1> ①イラストカードを提示する ②イラストの名称を、1文字カードを使用して順番に並べる（5～6文字） ③見本を見て正しく書く <ステップ2> 連絡帳に書いてある見本を見て、正しく書く（ペンを使用） ☆筆圧が安定してきたら、鉛筆を使用
	<前期> ①事前に話す内容を教師と相談してメモを作成（なぞり書き）する ②発表 ☆相手に聞こえる声の大きさでゆっくり読むよう促す	<後期> ①相手の名前を言ってから、聞こえる声の大きさであいさつをする ☆即時評価をし、具体的に良かったところを伝える

⑤　指導の経過

ア）自立活動の時間の指導

九つの積み木を順番に並べたり、正しく積んだりできるようになってから、さらなる定着を図るために見本の提示方法（プラスティック容器に入れず、左右や正面に提示）を変えて取り組みました。また、指さし確認等セルフチェックをする姿が見られるようになり、自信をもって報告することができるようになったり、集中力が高まったりしました。

イ）各教科等における自立活動の指導

自立活動の細部視知覚の学習が定着するとともに、文字の細部まで意識して見るようになり、字形が整うようになってきました。また、文字のイメージがもてるようになってくると、声に出して伝えた言葉や自分の思いをそのまま文字に書くことが増えてきました。

❺ 指導の結果と考察（まとめ）

（1）指導の結果

3年次に設定した目標に即して結果をまとめます。

① 目標「数色の九つの積み木を、見本を見て左から順番に並べたり、正しく積んだりすることができる」について

積み木の学習を通して、ルールを守ることの大切さを知り、買い物の時等、長い列に並んで待つことができるようになり、あと何人で自分の番がくるのか（見通し）、順番を待つと自分の番がくること（買い物ができる楽しみ等）への理解につながったと考えられます。作業学習では、指示書を見て一人で作業に取り組めるようになり、現場実習では、部品を所定の場所に順番に入れることをミスなく行うなど、他の学習への般化にもつながりました。

② 目標「見本を見て、連絡帳を書くことができる」について

積み木の学習で細部視知覚の強化を行ったことで、「わ」と「れ」の違いや、「む」「ふ」「え」の字形が整い、それぞれの特徴を細かいところまで見る力が向上したと考えられます。また、日々の出来事等を思い出す（イメージをもつ）ことで、言葉や文字を介しての学習へ意欲的に取り組めるようになったと考えられます。

③ 目標「相手に伝わるよう、自分の思いを伝えることができる」について

相手を意識した発言を毎日様々な場面で取り組むことで、「みんなと勉強しました。書道をしました。楽しかったです。」と3年の1月の帰りの会のときに発表しました。移行支援会議では、自分の思い（夢や目標）を紙に書き、関係機関の方々の前で堂々と発表しました。自分の思いを伝えることで、他者に受け止められる喜びを実感できるようになったと考えられます。また、自分で書いたメモを、目で追いながらスムーズに読んだり、カラオケで歌詞を見ながら歌ったりできるようにもなりました。これは、積み木の学習での規則性の習得・理解、細部視知覚の向上が他の学習にもつながったものと考えられます。

（2）まとめ

積み木の学習を中心に、規則性の理解や利点を学ぶことで、情緒の安定につなげる、また、他の教科等に般化して生活の様々な中でも応用することを目指して取り組みました。細部視知覚の強化⇒正しい情報を確認する⇒不安感が減る、自信につながる⇒「自己肯定感・情緒の安定向上」⇒他害激減につながってきたと思います。そして、いろいろな活動にも楽しみながら積極的に取り組めるようになり、友達を誘って遊ぶことや人前に立つことが増え、歩行も安定してきました。

現在、就労継続支援B型事業所で、週5日、1日6時間勤務をし、落ち着いて社会の一員として働いてします。卒業後を見据えて、教師、保護者、関係機関が連携をとり、共通理解のもと生徒と関わり、理解者が増えたのが大きな要因であったと考えます。

準ずる教育課程

事例1 身体の動き・健康の保持

体の痛みや疲れが学校生活に支障をきたす事例
～主体的な環境調整力や状況に応じた自己調整力の向上を目指した指導～

筑波大学附属桐が丘特別支援学校　高橋　佳菜子

　自己の心身の特性に関する意識や理解が十分でなく、自己管理の意識が薄いがゆえに、体の痛みが頻発し学習に影響を及ぼしている高等部の生徒について、学習上・生活上の困難さとその背景要因、指導すべき課題の整理を行いました。自立活動の時間に体の動きの学習を通して学んだ、自己の心身の特性とその調整の仕方を、本人が各授業や学校行事でも生かすことができるようになった事例を紹介します。

❶ 対象者の実態

　高等部2学年、準ずる教育課程に在籍する女子生徒。骨形成不全症という、生まれつき骨が弱く骨折しやすい疾患を抱えています。学校生活全体を通して、本人も教師もけがをしないように十分注意を払っていますが、時おり左腰や右わき腹の痛みがあり、その時々の体調が学習への取り組みや行事等への参加に影響を及ぼします。両腕は骨折の影響により動かしづらく、車いすや座位保持いすへの移乗、衣服の着脱、トイレでの便座への移乗動作には介助を要します。小・中学校は地域の普通学校に通い、高等部から本校に入学しました。長時間の通学も相まって、体の疲れや痛みが頻発することもまた、本生徒の悩みでした。

❷ 指導すべき課題

（1）学習上又は生活上の困難とその背景要因

　まず、担任を中心とした教師集団でケース会を実施し、本生徒の学習上や生活上の困難に関する情報について挙げ、その背景要因について探ることにしました。

① 　右わき腹、左腰の違和感や痛みを訴える

　中学校までは地域の学校に通っていた本生徒は、自立活動の時間等で体を動かしたり休めたりしながら、自己の心身の特性について考える機会がこれまでもちにくかったようです。高等部に入学して 1 年、前年度の自立活動の時間の学習については、「自分の身体のことを考える時間がとれた」と自己評価していました。また、違和感や痛みの箇所を伝えることや、休み時間等に座位保持いすを倒して体を休めることの大切さを知ることができたことも成果として述べていました。

　同じ姿勢のままで車いす等に座っているということは随分減りましたが、体は「ケアするもの・コントロールするもの」ではなく、「自分を邪魔するもの・制限するもの」というとらえであることもまた、教師としては気にかかる点でした。

② 　教科書のページめくりや書字が腕の負担になっている

　ページめくりや書く学習活動が多くなると腕がきつくなる自覚があったにもかかわらず、どうしていいか分からずに無理をしてしまうことが多くありました。クラスメイトの中には、タブレットを活用しながら学習している生徒もいたことから、「体の負担を軽減するために使ってみたい」という気持ちはありましたが、活用場面や効果的な活用方法に見通しがもてないようで、「使ってもいいのかな」と自己判断できない様子や適切なタイミングで教師に相談ができずに困っている様子でした。

　体の痛みや疲れが出てしまうと、授業に集中しにくいだけでなく、家庭でも学習時間が確保しにくくなります。本生徒は進学を希望しているので、課題だけでなく自主学習にも進んで取り組んでほしいと教師は考えていましたが、いったん体調不良になってしまうと、休養や治療に努めることが最優先になってしまいます。そのことについて、本生徒自身も思い通りに学習を進められない歯がゆさを感じていました。

③ 　計画的に行動し、休むときは体を休めるようにしたいが、皆に合わせなければと思う
　　気持ちになったり、楽しい気持ちになったりすると忘れてしまう

　行事等で全体の流れを把握し、周囲に遅れないように行動することやクラスメイトを気づかった行動ができることは本生徒の強みです。一方、疲れ、痛み等の体調不良があり無理をしていることに対する自覚はあるものの、自分の心身の状態を踏まえ主体的にスケジュールを調整していく段階には至っていないようでした。

　これらの情報を付箋に記し、カード整理を行いました（図 1）。「けがをしやすい、自己の障害に対する理解や心身のケアの方法に対する意識が薄い」ことが、「学習環境や自助具・補助具の効果的な活用が十分でない」ために、「痛み・疲労が出やすい」ことにつながっていると整理しました。また、「自己の障害に対する理解や心身のケアに対する意識が薄い」ために、「みんなに合わせようと頑張ってしまう」状況が「学習の積み上がりにくさ」を生じさせていることが考えられました。

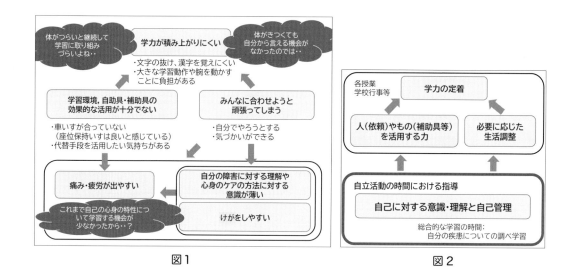

図1　　　　　　　　　　　　　図2

（2）指導すべき課題の整理

　以上の実態把握を踏まえ、「自己に対する意識・理解と自己管理の力」を高めていくことで、「自分で必要な学習環境や生活環境を整える力・依頼をする力」と「自己の理解と必要に応じた生活の調整力」の向上が「学力の定着」につながると仮説を立てました（図2）。

　週1単位時間の自立活動の時間における指導では、学習や生活の下支えとなる、「自己に対する意識・理解と自己管理」に関して取り上げることにしました。総合的な学習の時間（実践当時）の調べ学習では、「自分の疾患について調べたい」という本生徒の希望があったことから、総合的な学習の時間に調べたことも関連させながら、指導を行っていくことにしました。

❸ 個別の指導計画 ···

（1）指導方針

　本生徒の高等部卒業後の姿をイメージしたときに、自分の心身の状態を理解した上で生活を主体的に組み立てていってほしい、介助や福祉サービス等を活用しながら、自己実現に向けて努力していける人になってほしい、という教師集団の望む姿が共有できました。そこで、自立活動の時間における指導で取り組むことを、まずは本人が学習場面や生活場面で活かせるようにしました。そのためにも、主体的に自らに働きかけることで、自分の学習や生活が改善されたという実感がもてるよう、教師は関わることにしました。

（2）個別の指導計画

① 指導目標

　指導目標は、大きく二つとしました。

　　1）自己に対する意識・理解と自己管理力を高めることができる。

　　2）主体的に学習環境や生活環境を整えたり、介助依頼を的確にしたりすることができる。

②　指導内容・方法

ア）自立活動の時間における指導

　「自己に対する意識・理解と自己管理力」をつけるために、まずは自己の心身の特性について体の動きの学習を通して、理解することから始めることにしました。

イ）各教科等における自立活動の指導

　「主体的に学習環境や生活環境を整えること」や「介助依頼」について、自己の心身の状態を捉え、腰の負担を減らすために座位保持いすを倒すことや腕の負担を減らすためにタブレット端末で書字を行うことなどを担当教師に申し出ることができるようにしました。休み時間や学校行事等では、自立活動の時間における指導で担当教師と休憩時間やその休憩方法を検討し、実行できるようになることを目指すことにしました。本人から教師に申し出ることが望ましいのですが、指導開始時点では自己判断できる段階にはないため、必要に応じて本人の様子を見て声をかけることも教師間で共有しました。

❹ 指導の経過 ···

（1）自立活動の時間の指導（高2、1学期）

　体の動きを通した自己理解の学習を、動作法※を活用して行うことにしました。まず、本生徒の姿勢や動きの特徴について気になる点をカードに記し、実態把握と課題の整理を行いました（図3）。指導に当たっては、骨折をしやすいという障害特性に十分配慮し、安定してとれる姿勢や動きを中心に行いました。

※動作法とは、成瀬悟策によって開発された心理療法の一つです。身体の動きを通して、自己の身体に対する意識や心身のコントロール力の向上をねらいます。

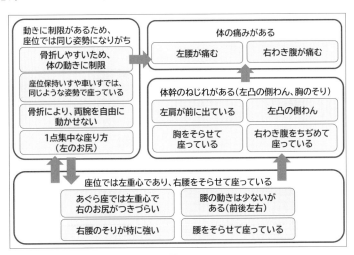

図3

あぐら座位での姿勢では、左に比べて右のお尻がつきづらく、左だけに力がかかってしまいます。そのために、体幹は左に流れ、左凸の側弯となり、バランスを保つために右わき腹を縮めて座る姿勢になりやすいことが考えられました（写真1）。腰をそらせて姿勢をとっていて、左腰に比べると右腰が特にそっています。一見すると、不安定な姿勢であるように思われますが、これが本生徒にとって安定する姿勢です。加えて、骨折のために腕を自由に動かせないため、一人で姿勢変換することに制限があります。結果、左腰や右わき腹に負担が大きく、体の痛みが起きていることが考えられました。

写真1

痛みや違和感を訴える箇所と不安定な姿勢で力がかかりやすい箇所が一致していることから、本人の座りやすい姿勢で座り続けることが、体調不良を引き起こす原因となることが明確になりました。左のお尻1点だけでなく両方のお尻で座れるようになると、左腰にかかる負担や右腰のそりを改善することができ、生ずる痛みを軽減できるのではないかと考え、主に以下の二つの指導を行いました。

① うつ伏せになって背中をほぐしたり、腰を伸ばしたりする

　教師は、本生徒が大きなクッションにもたれて、うつ伏せの姿勢をとれるよう援助しました。教師は左の背中の凸部や腰に触れます。日頃、胸をそらせて座った姿勢をとることが多かったため、このうつ伏せの姿勢は心地よかったようです。一緒に、背中や腰が伸びる感じを味わうことができました。その後、あぐら座をとった姿勢が写真2です。「背中や腰の感じが変わった」と本生徒は教えてくれましたが、うつ伏せ前（写真1）と後（写真2）の写真を自分で見比べ、「違う！」と声を上げました。

写真2

② あぐら座でまっすぐ背を起こす

　背中や腰が緩んだことで動かしやすくなり、右のお尻も床につきやすくなりました。教師は左の背中の凸部を支え、右腰に触れます。右腰をさらに後ろの方向に一緒に動かし、右のお尻に体重をのせ、背を伸ばす方向を伝えると、背を伸ばそうとする本人の力が感じられました。このときに撮影したのが写真3です。写真1・2と比べると、かなり姿勢が変化しています。写真で客観的に見ることによって、「ソファで横になったり座位保持いすを倒したりする時間を確保すること」「座り方を意識的に変えること」の必要性を一緒に確認することができました。本人の取り組もうとする意識も高まったように感じました。

写真3

（2）各教科等における自立活動の指導

　休み時間等に、長時間同じ姿勢になることを避けるために、車いすに座ったままで重心を変えたり、左右のわき腹を伸ばしたりするよう、声をかけました。徐々に自分の姿勢に自ら気づいて変える姿が見られるようになってきました。また、疲れや痛みがあるときは、授業を受ける姿勢や自助具等の活用、介助方法等を事前に教師に相談することが増えました。

❺ 指導の経過と考察 ⋯⋯⋯⋯⋯⋯⋯⋯⋯⋯⋯⋯⋯⋯⋯⋯⋯⋯⋯⋯⋯

（1）指導の結果

　自立活動の時間における指導での体の動きを扱った学習を通して、コントロールしていくことが難しいと思われていた体の状況や生ずる痛みは、自らが調整できることを本人自身が実感することができました。いったん背中や腰を休める時間の確保や姿勢を時々変えることの必要性を確認できると、高2の2学期以降は、学校生活の中で「いつその時間が確保できるか？」「どうやってやったらいいか？」をさらに深めて検討することができました。タブレット端末等を活用した上肢に負担をかけない学習方法の工夫や自助具等の活用についても、話題を発展させて考えていくことができました。3年生になる頃には、自立活動の時間における指導の中で整理したことを踏まえ、自身の体調や置かれる状況に応じて、どのように行動すべきかを考えることができるようになってきました。自分で判断がつかないことについては、担任や授業担当者にその都度相談し、その時々で無理のない方法を選択し、実行することができました。

　学校行事等においても、全体のスケジュールを把握しながら、休息をとるべき時間を計画して参加することができ、結果として体調を悪化させることなく、自らの与えられた役割についても全うすることができました。そのことがまた、自信にもつながっていきました。

（2）まとめ

　本生徒の自立活動の時間における指導については、自己理解の促進や自己管理力の向上が環境調整力や状況に応じた自己調整力の高まりをもたらすことにつながりました。加えて、各授業や学校行事等において環境や自己を調整する機会を設定したことにより、さらに自己理解や自己管理力が増したものと考えられます。これらが相互に関連しあい、自尊感情の高まりや本人なりの社会参加に必要な力が養われたものと考えます。このような力の高まりを引き出すのに、個別の指導計画における生徒の実態や指導すべき課題、学習上の手立て・配慮を共有しておくことはもちろんのこと，自立活動の時間における指導と学校生活全体を意識的に結びつけるような教師の関わりもまた、効果的であったと考えています。

体調不良のため、登校することが難しい生徒の事例
～体力向上及び自己管理能力を身につけ、集団生活への適応を目指した指導～

千葉県立四街道特別支援学校　加藤　守

　事例生徒は、生活環境や心理的な要因で喘息の発作が起きてしまうために、長期入院して治療しています。病院と連携を図り、自立活動の指導を行うことにより、体力及び自己管理能力が向上し、発作の減少等の改善を図ることができました。

　事例では本校隣接の病院の協力の下で行われている活動を紹介します。なお、この活動は喘息児全般に行われるものではなく、あくまでも隣接病院に長期入院していて、医師が必要と判断した生徒のみに行われるものです。

❶ 対象者の実態 ....

中学部3年男子（中学1年の10月転入）

病名：気管支喘息

事例生徒が在籍した学校の本稿での表記
A校：転居前の小学校 B校：転居先の小学校 C校：前籍校（本校に転入する前の中学校）

（1）入院までの経緯

　事例生徒は、小5で転居のため環境が変化したことの不安、それに伴い小4まで在籍したA校から、B校へ転校した際に、B校の学習進度がA校より進んでいため、学習を理解することが難しくなったことの不安から、登校前になると腹痛・頭痛、息苦しさ等を訴え、学校を休むようになったようです。小6から中学1年（C校）の9月まではほとんど学校へ行くことができず、登校しても保健室で過ごすことがほとんどだったようです。中1の7月にかかりつけの病院で喘息であることが分かり、本校隣接の病院を紹介され、そこで長期入院を勧められ、中学1年の10月より長期入院となり、本校に転入となりました。

（2）入院後の実態

　本校転入後は休まず登校しています。これは病棟による体調の管理や規則正しい生活、未学習領域への支援、少人数の集団という安心感によるものと考えられます。喘息の発作は病棟の管理によりほとんど起こりませんが、頭痛、腹痛は頻繁に起こります。しかし薬を処方されて改善し、入院前のようにそれによって学校を休むことはありません。

　病棟生活での人間関係のトラブルや、体調不良時（頭痛、腹痛）には気持ちが落ち込むことがあります。しかしそれによって学校を休むことはありません。学習には意欲的に取り組んでおり、分からないことは教師に質問することができています。

　本校へ転校した際の病気理解についての実態調査では、喘息の発作が起こる状況については理解していましたが、予防の方法は理解していませんでした。発作の対処の方法についても知識がなく、発作が起きたときはただ我慢していたとのことでした。

❷ 指導すべき課題

（1）学習上又は生活上の困難とその背景要因

　学校に行けなくなった要因として以下の3点が考えられます。
　1）環境の変化：小5の4月の転居でA校からB校へ転校することになったこと。
　2）学習への不安：A校にくらべB校の学習が進んでいて、学習を理解することが難しかったこと。
　3）体調不良：登校時間になると腹痛、頭痛、息苦しさといった体調不良を引き起こすようになったこと。

　事例生徒は、新しい環境に慣れなくてはいけないという不安に、学習についていけないということが重なり、精神的な不安から体調を崩してしまい、学校に行くことが難しくなったと考えらます。

　事例生徒が集団に適応していくためは病気による生活上の困難や、未学習のための学習上の困難を取り除き、自己管理能力を高め、体調面・生活面ともに自信をもてるようにしてく必要があると考えました。

（2）指導すべき課題の整理

　自己管理能力を高め、体調面・生活面で自信がもてるようにするために、指導すべき課題を以下のように考えました。
　1）持久走・水泳を行い、体力をつける。
　2）発作の起こり方・原因を理解する。
　3）発作を予防・対処する方法を身につける。
　4）自分の病状に応じた自己管理の仕方を身につけ、退院後の生活でも発作の起こらない過ごし方ができるようにする。

　以上の課題を指導することで、喘息に対しての自己管理能力が高められると考えました。また、発作を起こさない、起きても対処ができるという自信がもてるようになり、集団に適応する力が身につくと考えました。

　事例生徒の場合、学校を休むようになった大きな要因として、「B校の学習がA校より進んでいて分からなかった」ということが挙げられます。事例生徒にとって未学習の学習内容を理解することは、病状を改善することと同様に、集団に適応するためには大切なことです。本校は少人数での授業となるので、その利点を生かして、各教科の授業の中で、学校を休んでしまったために学習することができなかった内容について、個別に学習を進

めることで、未学習の内容を理解できるようになると考えました。

❸ 個別の指導計画 ··

（1）指導方針

体力向上や集団生活への適応を目指すとともに、病気克服への自信と態度・習慣の育成を図る。

（2）個別の指導計画

① 指導目標

1）自分の体調を理解し、体力の向上を図る。

2）自己管理能力の向上を図り、集団生活に適応できるようにする。

② 指導内容・方法

指導内容のすべてを隣接病院の医師に確認し、指導・助言を受けながら指導を行います。

ア）朝の自立活動（月曜日〜金曜日）

＜喘息体操＞（表1）

・正しい呼吸方法、腹式呼吸を体得する。

・心身の緊張を和らげ、リラックスできるようにする。

・体力をつける。

＜持久走＞（表2）

・運動誘発生発作（EIA）に対して、正しい運動の方法を体得する。

・体力をつける。

・継続して行うことにより、自信をもって取り組む力をつける。

※4班編成で行い、事例生徒は3班

表1　喘息体操の指導内容

指 導 内 容		主なねらい
背伸び	①背伸びをする　②全身脱力する	・リラクゼーション
肩回旋	①内回し　②外回し	・呼吸法の練習
肩上げ	①肩を上げる　②肩を下げ脱力する	
膝の屈伸	①膝を曲げる　②膝を伸ばす	・呼吸法の練習
膝の回旋	膝を回す	・準備体操
伸脚	①左膝を伸ばす　②右膝を伸ばす	
前後屈	①前に曲げる　②後ろに反らす	
腓腹筋伸ばし	腓腹筋を伸ばす	・呼吸法の練習
手首、足首、首の回旋	手首、足首、首を回す	・リラクゼーション
腕立て伏せ	①腕を曲げる　②腕を伸ばす	・準備体操
肩入れ	①肩を入れる　②腹を伸ばす	・呼吸筋の筋力アップ
背筋	①体を反らす　②腹力	
背筋伸ばし	仰向けから両足を頭の方に持ち上げる	
腹筋	①上体を起こす　②上体を倒す	
ブリッジ	腹筋を伸ばす	
腹式呼吸	①鼻から息を吸う（お腹を膨らませる） ②口から細く吐く（腹に力を入れて吐ききる）	・呼吸法の練習 ・リラクゼーション

表2　持久走の指導内容

指 導 内 容		指 導 内 容 の 具 体 例
・持久走の呼吸法を身につける。 ・その日の体調に合わせた走り方をする。 ・EIA（運動誘発性発作）に対する対処の方法を身につける。	A班	・1周約3分のペースで4周歩く。 ・持久力がついてきたらゆっくり走るようにする。
	B班	・1周約2分のペースで4〜6周走る。 ・体調に合わせてペースを変える。
	C班	・1周約1分30秒のペースで6〜8周走る。
	D班	・1周約1分15秒のペースで8〜10周走る。

※1周250mの周回コースを走る。
※転校間もない児童生徒は班にこだわらず、個別に指導に当たる。

表3　水泳の指導内容

指 導 内 容		指 導 内 容 の 具 体 例
A班	・水泳に対する抵抗感や恐怖心を取り除き自信をつける。 ・クロールの泳法の基本を身につける。	・水慣れ（顔に水をつける、水の中で目をあける、水中で息を吐く、ダルマ浮き等） ・伏し浮き、けのび　　・腰かけキック、壁キック ・ビートキックと呼吸法の練習 ・クロールの泳法指導 　キック、腕のかき、呼吸法、コンビネーション
B班	・クロールを正しい泳法で泳ぐ。 ・25mを繰り返し泳ぐ。 ・平泳ぎの泳法の基本を身につけ正しい泳法で泳ぐ。 ・水泳に対する自信と体力をつける。	・ウォーミングアップ　25m×4本 ・ビートキック 25m×4本 ・片手クロール（呼吸の練習を含む） ・クロール 25m×10本 ・平泳ぎの泳法指導 　キック、腕のかき、呼吸法、コンビネーション ・平泳ぎのキック 25m×2〜4本（正しい形に直す） ・平泳ぎ 25m×4〜8本 ・クーリングダウン 50m（25m×2本）
C班	・長い距離を続けて泳ぐ。 ・クロール、平泳ぎを泳ぐ。 ・達成する喜びを味わう。	・ウォーミングアップ 50m×3本 ・フォーム練習（キック・ストローク）50m×8本 ・インターバルトレーニング（クロール・平泳ぎ） 　50m×8本

で活動する。

イ）水泳（毎週金曜日第6校時）（表3）

・全身の筋力や呼吸循環機能を高める。

※事例生徒はB班で活動する。

＊水泳は高温多湿の環境下で行われるため、発作が起こりにくい運動とされている。

ウ）病気理解（表4、表5）

・自己管理能力を高め、発作を起こさない過ごし方を身につける。

※表5はピークフロー値による生活規制表

＊ピークフロー値：ピークフロー（最大瞬間呼気流量：PEFR）の値。喘息の状態を知ることができる。ピークフローメーターで計測する。

＊発作の対処の方法→「水を飲む→腹式呼吸→痰を出す」を繰り返し行う。

表4　病気理解の指導内容

指導項目	必要と思われる指導事項
発作の起こり方	・気管支と肺のしくみ　・アレルギー反応 ・発作時の気管支、肺の様子：気管支のはれ、粘液の分泌、筋肉の痙攣 ・発作時の症状：呼吸できない、ゼイゼイする、肩があがる
発作の原因	・原因：気道の過敏状態、アレルギー体質、アレルゲン ・誘因：気圧、季節、天候、温度差、運動(起きやすい運動の把握) 　　　　自律神経の乱れ(寝不足、疲れ)心の状態(悩み、心配等)
発作の対処	・発作の原因、程度の理解(前兆、喘鳴の聞き分け) ・自力抑制(リラクゼーション、腹式呼吸、排痰、水分補給) ・薬の服用
発作の予防	・原因の確認　・アレルゲンの除去 ・発作になりにくい体づくり　・体調に合った生活の仕方 ・正しい服薬
健康状態の 回復・改善に向けた 生活の仕方	・自分の生活環境の見直し ・自己の病状に応じた生活の仕方 　学校・病棟・外泊時・退院後の生活の仕方

表5　生活規制表

		%PEFR	>70%	60~70%	40~60%	<40%	その他
学校		登校	○	○	廊下登校	禁	廊下登校
		勉強	○	○		病棟内○	(診察後)○
	体育	体操	可	可	呼吸体操のみ	禁	禁
		器械運動	○	○(要:様子観察)	禁	禁	禁
		ボール運動	○	○(要:様子観察)	禁	禁	禁
		陸上運動	可(要:様子観察)	短時間程度	禁	禁	禁
		ダンス	○	○(要:様子観察)	禁	禁	禁
		水泳	可(要:様子観察)	禁	禁	禁	禁
	音楽	歌唱	○	○	少しは○	禁	可
		器楽吹奏	○	○	禁	禁	可
	特別活動	運動会	○	種目により○	禁	禁	禁
		校外学習	○(診察後)	○(診察後)	禁	禁	禁
		部活	○	○(昼の診察後)	禁	禁	禁
	掃除	掃き掃除	○	○	禁	禁	禁
		モップ掛け	○	○	禁	禁	禁
		荷物運び	○	禁	禁	禁	禁
病棟		入浴	○	○	○	禁	禁
		外出・外泊	○(診察後)	禁	禁	禁	禁

❹ 指導の経過

（1）朝の自立活動

　喘息体操での呼吸では、鼻から吸って口から強く吐くことを意識して行うように指導しています。体操の前半は強く吐くことを意識して行うことができますが、体操の後半になると弱くなってしまうので、最後まで強く吐くことを意識するように伝えました。現在は自ら意識して、最後までしっかりと強く吐くことができるようになりました。

　腕立て伏せ・腹筋運動・背筋運動は、月曜日〜水曜日に各10秒間、水曜日〜金曜日は各15秒間、本人のペースで行うようにしています。活動初期は各運動とも10秒で5回程度でしたが、現在では1秒に1回ペースで行うことができるようになっています。

　腹式呼吸は発作時、呼吸が苦しくなったときに有効な呼吸法です。仰向けの姿勢で息を大きく鼻から吸った後、10〜15秒かけて口から息を吐ききる練習を行います。毎日練習することで、正しい腹式呼吸の方法が身についてきました。

　持久走は1周250mのコースを周回します。はじめはウォーキングから行いました。1周3分というゆっくりとしたペースから始め、体調に合わせ徐々にスピードを上げ、体

力がついてくるにしたがって運動量を増やしていきました。現在は1周1分30秒のペースで8周走ることができるようになりました。

（2）水泳

　幼少期におぼれたことから当初は水に抵抗がありましたが、恐怖心を克服し、現在はクロール25mのインターバル練習を時間いっぱい行えるようになってきました。

（3）病気理解「健康状態の回復・改善に向けた過ごし方」

　実態把握のためのワークシート（図1）で、自分の病気についての理解度を確認しました。どんなときに発作が起きるかは理解していましたが、予防については服薬のみで、対処の方法は理解しておらず、発作が起きたときは「我慢していた」と答えていました。そこでアレルゲンの除去の方法や、発作の対処の実践を行いました。発作の対処では、実際に水泳の授業で発作が起きたときに対処を行い、改善し授業に戻ることができました。

　体調管理の仕方では「ピークフローを活用した過ごし方」について学習しました。医師が設定した基準値に対し、どのぐらいの数値かで体調を把握します。基準値の80％の上か下かで肺の状態が良いかどうかの目安になります。医師と協力して作成したピークフローの値によっての活動内容を示した「生活規制

図1　実態把握ワークシート

表」（表5）を基に生活をします。毎日ピークフローを計り、体調を確認することで体調に合った生活をすることができるようになってきました。

❺ 指導の結果と考察 ……………………………………………………

（1）指導の結果

① 目標「自分の体調を理解し、体力の向上を図る」について

　規則正しい生活、正しい服薬により病状が安定してきました。また、病状を理解し、体調に合わせて喘息体操、持久走、水泳を継続して行うことで体力がついてきました。発作

の起こり方を理解したこと、体力がついたことでほぼ発作を起こさずに生活することができるようになっていると思われます。

② 目標「自己管理能力の向上を図り、集団生活に適応できるようにする」について

　発作を起こさない過ごし方、ピークフローでの生活管理の仕方を理解し、実践することで、自己管理ができるようになり、体調を崩すことが多かった外泊時にも、体調を崩すことはなくなっていると思われます。

　学習面では個別に支援することで、「勉強が分かる」という実感が得られ、意欲的に学習に取り組むことができるようになっていると思われます。

　入院前と現在の気持ちを次のように述べています。

　「中学校には月に1回、宿題やプリントをもらいに行くことしかできなかった。理由は頭痛、発熱、発作があったため。今思うとすごく苦しかったと思う。入院してからは規則正しい生活ができ、友達もできた。学校は勉強がわかりやすいので楽しい。朝の自立活動と水泳で体力がついたおかげで発作が起こらなくなった。発作の予防と対処を学習して自分で発作の対処ができるようになった。四街道特別支援学校に転校して、すこし人前で話せるようになった。」（本人による原文のまま）

（2）まとめ

　病棟生活、学校生活で予防・対処の仕方を覚えたり、学力、体力が向上したりしたことで、少しずつ自分に自信がもてるようになってきたと思われます。表情も明るくなり生徒会役員に立候補するなど積極的に活動することができるようになりました。

　しかし、事例生徒が登校することが難しかった理由は、新しい環境に適応することが難しかったことで、喘息だけが理由ではありませんでした。そのため、単に病状が良くなっただけではC校（前籍校）に戻ることは難しいことでしょう。事例生徒に限らず、不登校の状況から本校に転校してきた場合、病状が良くなり、本校では学校を休まなくなったとしても、前籍校に戻り、休まず登校することはとても難しい状況です。事例生徒もC校に戻るためには「自信」と「強い気持ち」が必要になると考えられます。

　本校では病気の改善のためだけでなく、集団に適応するための「自信」と「強い気持ち」をもてるようにするためにも、以上の活動に取り組んでいます。この活動を継続して行い、苦しいことを乗り越えたという達成感を得ることで、「自信」と「強い気持ち」が身につくよう、本校隣接の病院と連携を図り取り組んでいます。

【引用・参考文献】
公害健康被害補償予防協会「子どものぜん息ケア　実践ガイダンス」
公害健康被害補償予防協会「気管支ぜん息と心理的要因」

健康の保持・環境の把握・コミュニケーション

漢字の読み書きと文章作成に難しさがある高校生の事例

～タブレット等代替手段を活用した文章作成の指導～

兵庫県立但馬農業高等学校　**南　克伸**

　高等学校における通級による指導（以下、高校通級）の事例です。３年間の指導のうち、特に２年生での指導について紹介します。漢字の読み書きと文章作成に困難がある生徒に対して、文章のアイディアをまとめる方法と、まとめた内容をタブレットパソコン（以下、タブレット。また、本事例で使用したタブレットPCはiPad）で打ち出す方法を指導しました。時間はかかりましたが、自分の力で長文の日記を書くことができ、自信につながりました。

❶ 対象者の実態

　高校生です。小学生のときに医療機関を受診して読み書き障害があると言われたことがありました。中学校までは特に支援を受けていませんでしたが、高校での学習に不安があり、本人・保護者と相談の上、高校１年生から通級指導を始めました。

　漢字の読み書き、文章の読み書きが苦手です。漢字は小学校２～３年生程度まで読み書きできました。特に作文に苦手意識があり、高校１年生のときに日記を書くよう指示したところ、「昨日は○○がありました。」のように、事実のみを２行ほど書きました。

　音読についても読みにくさがあり、文を指で押さえながら読む様子が見られました。スリットを入れた紙で他の行を隠しながら読むと、スムーズに読むことができました。

　日常会話について、言葉数は少ないですが、会話の内容理解にはほとんど問題を感じません。日常的に使わないような少し難しい単語や専門用語は理解が難しいようで、そのような単語を口に出すときには発声するまでに時間がかかり、胸の前で手をクルクル回しながら思い出す様子が見られます。

　イラストを描くことが好きで、２～３時間集中して描くことができます。イラストの模写をすると細かい部分もよくできていたので、図の細部を読み取る力には問題を感じませんでした。視機能の検査をしてみましたが、眼球運動や視覚的注意に弱さはなく、処理速度や短期記憶に弱さがある可能性がありました。

　本校は農業高校ですので実習が多いのですが、実習については指示をよく理解し、作業がスムーズで、動物の扱いもうまいそうです。

　また、文科系の活動が好きでいろいろと関わっています。音楽が好きで金管楽器が上手

に吹けます。合奏にも問題なく参加していました。茶道部にも顔を出し、指示に従って上手に作法ができます。趣味の陶芸では、ろくろも問題なく操作できるそうです。

❷ 指導すべき課題 ···

この生徒の指導すべき課題は、実態とニーズを考えると「文章の読み書き」ではありますが、アセスメントを兼ねて、自立活動の学習指導要領を参考に整理しました。

（1）収集した情報を自立活動の区分に即して整理する

担任の教師、教科担当の教師へのアンケートによって集めた情報、本人・保護者との面談で集めた情報、通級指導の時間において気づいた点等について整理しました。

健康の保持	心理的な安定	人間関係の形成	環境の把握	身体の動き	コミュニケーション
・健康、生活リズムは良好	・情緒は安定している	・対大人、対友人ともに良好	・視機能に課題がある可能性	・手先はとても器用で作業が上手	・語彙が少ない ・言葉が出にくいときあり

環境の把握に入るかと思いますが、短期記憶や作業速度にも課題がありそうです。コミュニケーションについては、特に学習に必要な用語の語彙が不足しています。これは記憶の問題もあるでしょうが、小中学校で文章をほぼ読めないまま授業を受けてきた影響があると思われます。

（2）収集した情報を現状の困難さと卒業後の姿という観点で整理する

高校通級の場合、特別支援学校の高等部と同様に、卒業後すぐに社会生活が始まる場合が多いです。本生徒については本人・保護者と相談したところ、一般就労を目指すということでしたので、就労先で予想される困難さと現状の困難さを比較して整理しました（図1）。現在の力と就職して必要な力には大きな開きがあります。

	現在の力と卒業後に必要な力の比較	さらに詳細に課題を捉えると…	課題をおおまかに捉えると…
現状の困難さ	・漢字の読み書きは小学校低学年程度 ・作文は事実だけを列挙するのみで短文程度	・視機能 ・漢字の読み書き ・語彙が少ない ・考えをまとめる ・言葉を思い出す	・認知面へのアプローチを含む基礎的な学習
大きな開き ⬍			
卒業後の姿	・仕事で使う文書の理解 ・運転免許等資格試験対応 ・報告書の作成	・タブレット等の代替手段を活用した文章の読み書き	・職場などで必要なスキルの獲得

図1　現状の困難さと卒業後の姿との比較

（3）整理した課題の中から指導すべき課題を選ぶ

　この生徒の課題は「文章の読み書き」ですが、もう少し詳細に捉えると図１で挙げたような具体的な課題がありそうです。ただし、これらを課題として捉えると、障害による特性そのものを課題と捉えることになり、高校生年代で年齢が高いということを踏まえると、指導の効果がどれほど期待できるか分からないところがあります。必要な考え方としては、読み書き能力そのものを高める（個人の障害による困難さに焦点を当てる「医療モデル」的な見方）ことよりも、現在生徒がもっている力を活かしながら、タブレット等代替手段を活用して社会への適応方法を考える（個人の特性と社会の関係性に焦点を当てる「社会モデル」的な見方）という方向性が必要になると考えます。どちらへのアプローチも大切ですので、指導すべき課題としては、「読み書きの力」「タブレット等代替手段を活用するスキル」の二つと捉えました。

❸ 個別の指導計画 ……………………………………………………………

（1）高校３年間の指導計画の変化

　この生徒には高校３年間続けて関わることができましたので、毎年指導計画を立てました。１年生のうちは基礎的な読み書きや作文について指導しましたが、２年生以降はタブレット等の活用に関する指導を徐々に増やしていきました。３年間の指導計画についてすべて説明すると長くなりすぎますので、高２のときの指導計画について説明します。

（2）高校２年生のときの指導計画

①　指導目標

　指導すべき課題に対して、２年生では以下のような指導目標を設定しました。

指導目標	基礎的な読み書きの力を高めながら、タブレット等を活用して文章作成する力を高める。

②　指導目標を達成するために必要な自立活動の項目と具体的な指導内容

　自立活動の学習指導要領を参考にしながら必要とされる項目を書き出し、具体的な指導内容(ア)〜(エ)と、その関連性を考えました（図２）。

　「健康の保持」の項目(4)については、上記の指導目標と直接関係がないように思えるかもしれませんが、高校通級においてとても重要な視点だと考えて入れています。社会に出たら、自分の力で対応できるところは頑張ってほしいですが、できないこともあります。どんな仕事もチームで行いますので、健常者でも誰かに助けてもらわないと生活は成り立ちません。できないことには支援を求め、場合によっては合理的配慮を要求する力がとても重要です。この力は、「セルフ・アドボカシー」とか、「セルフ・アドボカシー・スキル」と呼ばれます。このスキルを発揮するためには、自分の得意なことと苦手なことをある程度客観的に捉えておく必要があります。自分が苦手なことは何なのかということに向き合

うのはつらいことですが、得意なことを活かすことで自己効力感を高めながら、少しずつ自分を見つめる必要があります。

区分	健康の保持	心理的な安定	人間関係の形成	環境の把握	身体の動き	コミュニケーション
項目	(4)障害の特性の理解と生活環境の調整に関すること	(3)障害による学習上又は生活上の困難を改善・克服する意欲に関すること		(2)感覚や認知の特性についての理解と対応に関すること		(1)コミュニケーションの基礎的能力に関すること (4)コミュニケーション手段の選択と活用に関すること
着眼点	・自分から支援を求めることができる	・読み書きを向上する意欲を高める		・読みやすい方法の主体的な選択		・語彙を増やす ・タブレットの読み上げ機能の活用

具体的な指導内容	(ア)読むことができる身近な漢字を増やす。	(イ)日常会話で使える語彙を増やす。	(ウ)作文の内容など、考えをまとめる。	(エ)タブレットを活用して読み書きする。

図2　具体的な指導内容の検討

③　指導の手立て

　次に具体的な指導内容それぞれについて、指導の手立てを考えます。有効な手立てが先に思いついて、そこから指導内容を発想することもあります。市販されている教材や書籍にたくさん良いものがありますので、そのまま使用したり、アイディアを参考にしたり、いろいろと組み合わせながら指導を展開しました。

目　　的	手立て	説　　明
漢字の読み方を繰り返して覚える	・身近な熟語を一つずつ iPad で提示してクイズ	フラッシュカードという方法で、本来は熟語をひとつずつ紙のカードに書いて提示しますが、アプリを使うと簡単です。[1]
語彙を増やす	・ゲーム感覚で語彙を増やす	指導者と交互にことばの問題を出しながら、ビンゴゲームをします。[2]
文章に書く内容を思いついてまとめる	・マインドマップ	アイディアを視覚化するための書き方です。
絵を文で説明 説明文から絵を描く	・イラストを見て、説明する文を書く ・説明文に従ってイラストを描く	イラストを描くのが好きですので、興味をもって取り組みました。iPad を使って描きました。[3][4]
漢字を使った文章を完成させる	・タブレットとワープロソフトを使う	漢字変換を使って文章作成します。

1）フラッシュカードメーカー　Yuki Kubota（iPad アプリ）
2）ことば de ビンゴの会（2017）ことばでビンゴ!! 小学1・2・3年生　言葉に出あう対戦ゲーム. 朝日新聞出版
3）坂本聰（2016）国語が得意科目になる「お絵かき」トレーニング. ディスカバー・トゥエンティワン
4）アイビスペイント X　ibis inc.（iPad アプリ）

❹ 指導の経過 ·······································

（1）基礎的な読み書きの力を高める

　毎回授業の最初に、近隣の地名20個ほどの読み方についてiPadアプリを使ったフラッシュカードで繰り返し学習しました。覚えた漢字については、新しい言葉に入れ替えて学習を続けました。語彙を増やすゲームにも毎回取り組みました。

（2）タブレット等を活用して文章作成する力を高める

①　イラストの内容を文章で説明する

　市販の書籍の問題に従って、少しずつ難度を上げていきました。指導の当初からある程度書けましたが、説明の順番やまとまりがよくありませんでした。先に全体の説明をしてから細部の説明をすることや、細部の説明をする際には例えば上から下に視点を移しながら順番に説明することなどの方法を指導しました。また、文章中に漢字を書こうとすると、漢字を思い出したり調べたりしている間に書こうとしていた文章の内容を忘れてしまい、続きが書けなくなってしまう様子が見られましたので、すべてひらがなで書くようにすると、かなりスムーズに書けるようになりました。ひらがなの文章はあとからタブレットで打ち込みました。

②　説明文からイラストを描く

　市販の教材に従って、iPadとApple Pencilを使って描きました。説明文中の読めない漢字はスマホを使って調べ、興味をもって段々と複雑な文章をイラストにできるようになりました。

（3）文章に書く内容を思いついてまとめる

　1年生のときの日記は、2行程度しか書けませんでした。そこで、マインドマップという手法を使って、アイディアをメモする練習をしました。当初はなかなか書けませんでしたが、指導者と会話をしながらアイディアを口に出してまとめていきました。図3は修学旅行の思い出を書くために作ったマインドマップです。

（4）タブレットを使って日記を書く

　図3のマインドマップを見ながら日記にしました。スムーズに書くためにすべてひらがなで書き、それを見ながらiPadを使って体裁を整えました。ローマ字入力ではローマ字が難しく、時間がかかったため、スマートフォンと同じフリック入力を使用しました。まとめる際

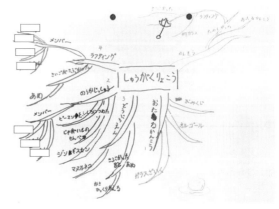

図3　マインドマップ

には指導者が少し支援しましたが、何とか自分の力で日記を書き上げることができました。

❺ 指導の結果と考察（まとめ）

（1）指導の結果

①　目標「基礎的な読み書きの力を高める」について

地名の漢字の読みについては少しずつ覚えていったのですが、しばらく期間を開けて再度確かめると、忘れていることがありました。特に「城崎」のように1文字目の読み方がよく使われている読みとかなり違うと読みづらいようでした。指導の効果としては限定的でした。

②　目標「タブレット等を活用して文章作成する力を高める」について

イラストを説明する文章については、書いていく順番をパターンとして理解することで、少しずつスムーズに文章化できるようになりました。また、すべてひらがなで書くように指示することで、さらにスムーズに書けるようになりました。修学旅行の思い出についてマインドマップを活用して描き出すことがきました。それを見ながらひらがなで紙に作文を書くと、1,000字程度の文章を作成できました。最後にタブレットを使って文章を漢字に変換できました。

（2）まとめ

最終的に出来上がった作文については、実は自分で漢字を読むことはできませんが、かなり長文を作成できましたので、自信につながったと思います。高等学校段階では、基礎的な学習を進めることで、それまでの学習を取り戻すことはなかなか難しいですが、代替手段の使い方を学ぶことで、社会生活を乗り切っていけると考えます。最後の授業の感想の中に「私は読み書きが苦手だと分かりました」という一文がありました。逆に言えば「読み書き以外はできる」ということが分かったのでしょう。3年生では、タブレットの読み上げ機能の使い方や、面接をテーマに思いを伝える学習をし、卒業時は就労につながりました。

※　iPad、Apple Pencil は、Apple Inc. の商標です。

他者とのコミュニケーションに難しさのある事例
～ゲームを通して人と関わることで自発的なコミュニケーションを 目指した指導～

島根県立江津清和養護学校　狩野　隆夫

　Ａさんは、二分脊椎症で車いすを使用する高等部２年生の男子です。人と話をすることが苦手で、困ったときにも自分から支援を求めることができません。そのため、コミュニケーションスキルの向上を目指して、小集団の中でのカードゲームや、昼休みにゲーム大会を主催する活動に取り組みました。その結果、自分のことが話せたり、自分から友達を誘ったりする姿が見られるようになりました。

❶ 対象者の実態 ┈┈┈┈┈┈┈┈┈┈┈┈┈┈┈┈┈┈┈┈┈┈┈┈┈┈┈┈┈┈┈┈┈┈┈

　高等部２年男子、二分脊椎症。車いすを常時使用し、自力で移動しています。本校には高等部から入学し、高等学校に準ずる教育課程を履修しています。小・中学校までは特別支援学級に在籍し、Ａさんの一人学級でしたが、主な教科については通常の学級で授業を受けていました。本校入学後も、Ａさんと同じような学習レベルの生徒がいなかったため一人学級です。

　学校を休むことがなく、朗らかで真面目な生徒です。誰に対しても敬語で丁寧に話しますが、自分から人に話しかけることはほとんどありません。昼休みは図書館に行って一人で漫画を読むことを好みますが、好きなことや趣味等、自分のことについて人に伝えることには消極的です。事前にシナリオがあれば自分なりに言葉を補って司会等の役割をすることができますが、シナリオ通りにいかない補足説明が必要な場面になると、冷静に考えることができなくなり、言葉が出なくなってしまいます。そのようなときには教師に視線を向けて、フォローを求める姿がしばしば見られます。

　また、進路学習で自分に合った進路先や将来の生活について具体的にイメージして考えることが難しく、家庭での生活について聞いてみると、電子レンジを使ったことがなかったり、毎日着る服を自分で準備したことがなかったり等の実態が分かりました。

❷ 指導すべき課題 ┈┈┈┈┈┈┈┈┈┈┈┈┈┈┈┈┈┈┈┈┈┈┈┈┈┈┈┈┈┈┈┈┈┈┈

（１）学習上又は生活上の困難とその背景要因

　校内の自立活動検討会において、Ａさんの課題と思われる点を挙げ、相互の関連や共通

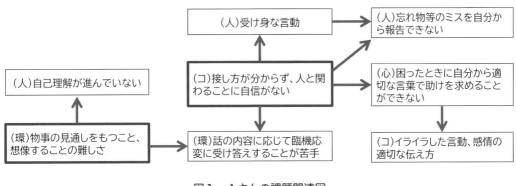

図1　Aさんの課題関連図

の背景等がないか、他の教師の意見も取り入れながら課題関連図を作成して探りました（図1）。

　その結果、コミュニケーションの経験不足のため、接し方が分からず人と関わることに自信がもてずにいることと、生活経験の少なさから物事を見通したり想像したりすることが難しいことの二つの要因が中心的な課題となっているのではないかと捉えました。

（2）指導すべき課題の整理

　コミュニケーションを含めた生活経験の不足は、他者と比較して自分について考え、自分を客観的に理解することや、卒業後の社会生活を現実的にイメージすることの難しさにつながっていると思われます。そのため、自分に合った進路を具体的に考えることが難しいのではないかと考えました。そこで、下記の2点の課題について仮説を立てて取り組むことで、自己理解や自分に合った社会生活の実現につなげていきたいと考えました。

①　コミュニケーションの課題

　一人学級が長いため、集団の中で遊んだり雑談をしたりするなど、人とコミュニケーションを通して関わってきた経験が少ないことで、人との接し方や自分の言動に自信がもてず、消極的な姿勢や会話の苦手意識につながっていると思われます。そのため、人とコミュニケーションをとりながら活動する機会を増やし、自信を高めることで、自分から発言したり自分から関わろうとしたりすることができるようになるのではないかと考えました。

②　生活経験の課題

　生活経験が不足しているため、日常生活上の常識的な物事が分からなかったり、こうすればできるのではないかといった想像力を働かせたりすることが難しいのではないかと思われます。そのため、生活経験の不足を補う活動を通して自分でできることが増えて自信がもてれば、将来についてより現実的に考えられるようになるのではないかと考えました。

❸ 個別の指導計画 ··

（1）指導方針

　高等部2年生であり、卒業までの限られた時間の中で効果的に指導を進めていくために、学習の中での学びが実生活とつながることを意識して進めました。

　コミュニケーションの課題については、Aさんがリラックスした環境で楽しく活動する中で主体的な姿を引き出していけるように、小集団で取り組んでいくことにしました。

　生活経験の課題については、家庭の理解と協力を得ながら優先順位をつけて、家庭生活の中でできそうなことから取り組んでもらうことにしました。

（2）個別の指導計画

①　指導目標

　指導目標は、次の2点としました。

　1）4～5名程度の集団の中で、人の話を聞いて自分が感じたことを人に伝えられるようになる。

　2）一人暮らしに必要な日常生活上の行動についてリストを作成して現状を理解し、その中から簡単な食事の準備・片付けと衣類の洗濯や管理が自分でできるようになる。

　1）の目標を重点的に取り組んできたため、本稿では1）の目標に関する指導について紹介します。

②　指導内容・方法

ア）自立活動の時間の指導

　「4～5名程度の集団の中で、人の話を聞いて自分が感じたことを人に伝えられるようになる」という目標の達成に向けて、「コミュニケーションゲーム」と「昼休みカードゲーム大会」の二つの活動を通して指導しました。

写真1　『トーキングゲーム』

　コミュニケーションゲームの活動では、『トーキングゲーム』（安部博志考案，株式会社 tobiraco：写真1）を使用し、生徒3名と教師3名の小集団でゲームをする活動を設定しました。このゲームは、自分の気持ちをうまく表現できない子供や大人のために作られたカードゲームです。トランプのようなカードに「好きなお菓子はなに？」「好きなマンガやアニメは？」等、誰にでも答えやすい内容から、「無人島でひとりだけで暮らすとしたら、何を持っていく？」等の、その人の個人的な考えや発想を答えるものまで、様々な質問が用意されています。はじめは生徒たちが答えやすい質問から始まるように、予め質問を選んでカードの山の上から並べるようにしました。また、一つの質問を、そのカードを引いた生徒一人が答えて終わりに

するのではなく、質問に答えた生徒は、その同じ質問に答える次の人を指名してカードを渡すことにしました。こうすることで、自分が答えた質問に、「この人だったらどう答えるだろう」という他者への関心も高まるのではないかと考えました。

　昼休みカードゲーム大会は、コミュニケーションゲームの活動でＡさんが自信をつけた、次の段階の取り組みと考えて設定しました。自立活動の時間では生徒と教師が固定したメンバーでしたが、誰に対しても自分を表現できるようになってほしいと考えて企画しました。それは、Ａさんが主催者となって広く校内の児童生徒に参加を呼びかけ、その日に集まったメンバーで、トランプやウノ等のカードゲームを一緒に楽しむのです。

　また、この企画をＡさんに提案するに当たっては、１学期の振り返りの中でＡさんに自己理解を促し、自立活動の取り組みから、人とのコミュニケーションが課題であると認識する機会を設けました。そして、２学期の目標を考える際に、コミュニケーション力をさらに高めるにはどうしたらよいか、Ａさんと一緒に考え、対話の中でＡさんの思考を導きながら、Ａさん自身の発案がカードゲーム大会につながるように話を進めました。

イ）各教科等における自立活動の指導

　高等部では、情報交換を大切にすることや、生徒の課題だけでなく良い面を積極的に評価して行こうと確認がされていました。そのため、それぞれの授業の中で、生徒が意欲的に発言する姿が見られたり、逆に教師の働きかけに対して期待された反応が見られなかったりした場合等も、日頃からエピソードを共有するように努めてきました。また、カードゲーム大会の取り組みに当たっては、Ａさんの課題を踏まえた取り組みのねらいについて、事前に高等部の教師に説明をした上で取り組むようにしました。

❹ 指導の経過

（1）自立活動の時間の指導

　コミュニケーションゲームの活動では、回数を重ねるにつれて緊張感も薄れてきて、「えーと、えーと…」と答えるまでに時間がかかっていたＡさんが、落ち着いた表情でスムーズに答える場面が増えました。Ａさんの回答が他の生徒や教師の笑いを誘うと嬉しそうにしたり、他の生徒や教師の知らない一面を聞いて、驚いたように聞き入ったりする姿がありました

写真２　コミュニケーションゲームの活動時の様子

（写真２）。以前はパスしていた「好きなアーティストは？」の話題が再び回ったとき、好きな女性タレントを答える等、自分の趣味嗜好をオープンにできるようになりました。２学期以降には、人の話を聞いてその場で簡単な質問ができるようになりました。

　２学期の目標を考える際に１学期を振り返る中で、Ａさん自身、人とのコミュニケーションが課題であると意識ができていました。「自分から人と話をする」という目標を立てたＡさんと、ではどうしたらそれが達成できるか考えました。自立活動の時間や体育は生徒数人の活動になりますが、他の授業は個別が多く、具体的な場面を設けないと目標を達成する機会がないと確認しました。その上で、Ａさんの負担になりすぎないように昼休みの20分ぐらいで、何か生徒たちと一緒に楽しむ活動ができないかと提案しました。Ａさんからも、その時間内なら、トランプかオセロぐらいではないかと発言があり、数人でできるようにとトランプやUNOをすることになりました。また、宣伝のためにＡさんが時間と場所と内容を記したビラを作成して、各クラスへ宣伝に行ったり、校内に掲示したりしました。

　カードゲーム大会は、誰が来るか分からないためＡさんにも緊張感があり、ときには開催日の昼休みになっても忘れたふりをして消極的になったり、教師が不在で３年生の男子生徒と２人きりになったときには、何と言っていいのか分からずエレベーター内にこもってしまったりすることもありました。しかし、３学期になって、新年だからという理由でゲームの選択肢にすごろくを教師から提案してみたところ、ボード上で参加者がそれぞれゴールまでどの位置にいるのか等、互いの様子が視覚的に分かりやすいことが良かったのか、または、レースのゲームが大好きなＡさんの好みに合ったのか、これまでより前向きな姿が見られるようになりました。ある日は、会の時間になっても生徒が集まらず、廊下に出て自分から上級生を誘いに行く姿が見られました。そのときの会話を離れて聞いていると、いつもかしこまった言葉遣いのＡさんが、「ねえ、○○さん。今日、カードゲーム大会どう？」と、親しげに話しかける声が聞かれました。

写真３　カードゲーム大会の様子

（２）各教科等における自立活動の指導

　各教科では、教科会や日頃の情報交換の中で、自分の意見をまとめることが苦手なＡさんの実態を踏まえて、考える筋道をスモールステップでヒントを出しながら思考を導く等、有効な支援について情報を共有するようにしてきました。また、教科担当の教師から、Ａ

さんが授業の中で自分の好きなこと等、これまで話さなかったことも話すようになった、といったＡさんの変化を伝え聞くことがありました。そうした際には、話した内容に近いコミュニケーションゲームの質問カードを探して、自立活動の時間の中でもう一度Ａさんが同じテーマで話す機会を設けることで、自分について話す経験を積み、自信が深まることをねらって取り組むなど、教科の教師と連携して指導に当たることができました。

❺ 指導の結果と考察（まとめ）

（1）指導の結果

　はじめは自己開示に消極的なＡさんでしたが、コミュニケーションゲームでは想定よりも早くパスをすることがなくなり、自分のことを話そうとする姿が見られるようになりました。他の生徒や教師が、自分の趣味や興味、ときには失敗談等について話す姿にふれることで、Ａさんの中で自分について話すことのブレーキになっていた気持ちのハードルが下がったように思われます。取り組みを振り返ってＡさんは「自分が話したことで笑ってくれてうれしかった」と感想を言っていました。人に話を聞いてもらえることや、話して喜んでもらえること等、人とコミュニケーションをとることの楽しさを感じることができたと考えています。

　昼休みカードゲーム大会を始めた当初は、不安感や見通しのもてなさが理由となって、Ａさん自身も取り組みに積極的でなかった面がありました。そのため、教師の支援が求められる場面が多かったことも事実でした。3学期にすごろくが選択肢に加わり、同じ3年生が続けて参加することが多くなると、活動内容と参加者に見通しをもちやすくなったようで、自分から声をかけて誘ったり、3年生が卒業するまでにもう一度会を開きたいと、教師に希望を伝えたりする姿が現れました。そうした能動的な姿勢が見られるようになったことは、Ａさんの大きな成長であったと思います。

（2）まとめ

　様々な課題が見られるＡさんでしたが、その背景要因が何であるかを見極めるように努めることが大切であると感じました。一見するとつながりの分かりにくいＡさんの一つ一つの課題の背後に何があるのか、課題を貫く背景要因が明確になったことで、何をすべきかが見極めやすくなったと考えます。また、本人の実態や興味・関心を踏まえて最初のスモールステップとして何から取り組むかを考え、その次のステップになるものは何か等、目標達成のために段階的に捉えて設定していくことが有効であったと考えます。そして、本人自身が活動を通して自分の課題に気づき、そこから課題の解消に向けた主体的な取り組みを引き出すように働きかけることができたことが、Ａさんの成長につながったのではないかと考えます。

自分の気持ちを伝えたり 行動に移したりすることが難しい事例
〜"実体験"と"試行錯誤"を通して、自己理解を深め自信をつけて いくための指導〜

筑波大学附属桐が丘特別支援学校　岡崎　志乃

　自分の気持ちを他者に伝えたり自分から行動に移したりすることに困難のある、中学部から特別支援学校に入学した1年生の女子生徒（二分脊椎、水頭症）の実態を踏まえ、「自分の身体に意識を向け、その状態や特徴を知ること」「物事を自分なりに整理し、要点を捉えること」「自分の考えや具体的な目標を明確にもって活動すること」を課題として指導に取り組みました。その結果、学習や生活場面でも適切で具体的な視点から自己評価できるようになり、自己理解が深まり自信がつきました。また、自分の気持ちを他者に伝えたり自分から行動を起こしたりと、新しいことにチャレンジする姿も見られるようになりました。

❶ 対象者の実態

　Bさんは、中学部1年生の女子生徒で、二分脊椎、水頭症があります。地域の小学校の通常学級を卒業後、中学部から特別支援学校に入学したため、これまでに自立活動の指導を受けた経験はありませんでした。手動車いすを使って自分で移動することができ、授業の準備や片づけなど身の回りのことについては概ね自分で行うことができます。両脚の股関節からつま先まである長下肢装具をつけて両手にクラッチを持つと、一人で立ったり歩いたりすることもできましたが、バランスがとれていなくても本人はあまり気づかないため、しっかり支えていないとけがの心配がありました。また、排泄については、腰から下の感覚が乏しく尿意を感じることや自力での排尿が難しいため、導尿（膀胱にカテーテルを挿入し、人工的に尿を排泄する方法）を自分で行っていました。

　学習については、小学校では各学年の目標・内容で学習してきており、中学部では各学年の基礎的・基本的な内容を中心に学ぶことになりました。しかし、授業やその他の学校生活に共通して、考えや思いを自分から仲間や教師に伝えることが難しく、尋ねられても答えることができなかったり、「み

クラッチで立つとき

クラスの係決め

んながいい方でいいよ」と言ったりしていました。そのため、困っ
たときに自分から周囲に助けを求められなかったり、自信がもて
ずに積極的に行動することが難しかったりすることが気にかか
りました。

　また、車いすの乗り降りの際に、脚をいろいろな場所にぶつ
けても気にかけず、手洗いのタイミングを逃して服が濡れても
そのままにしているなど、自分の身体の状態への気づきの少な
い様子も見られました。

車いすに乗るとき

❷ 指導すべき課題 ·····························

（１）学習上又は生活上の困難とその背景要因

　前述のような実態をもとに、担任
を含めた学年団（４名）でケース会
を行いました。指導に関わっている
全員が参加することは難しいため、
各教科担当者には、事前にＢさんの
様子で気になることを書いてもら
い、それらも含めてＢさんの困難の
背景要因を探っていきました(図1)。

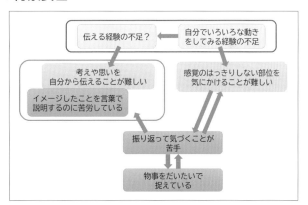

図１　実体把握図

　「考えや思いを自分から伝えるこ
とが難しい」ことについては、これ
まで自分の思いを伝えなくても困ることが少なかったのではないか、そのため伝える経験
を十分にしてきていないのではないかという意見があがりました。また、教科担当者から
は、授業中、自分のイメージしたことを言葉で説明するのに苦労しているようだという情
報がありました。さらに、物事を“だいたい”で捉えるところがあり、自分から振り返っ
て何か気づきを得ることが苦手であることも分かってきました。

　「感覚のはっきりしない部位を気にかけることが難しい」ことについても、自分でいろ
いろな動きをしてみる経験が少なかったのではないか、学習面でも話題にあがった物事を
“だいたい”で捉えていることや、自分から振り返って何か気づきを得ることが苦手であ
ることは、身体のことについても言えるのではないかと考えられました。

　つまり、どちらの困難さについても、経験不足に加え、物事の捉え方があいまいで、自
分で経験したことを振り返ることが難しいために、学びが積み上がりにくく、学習や生活
に自信をもって取り組みづらい状況にあるのではないかと考えることができました。

（2）指導すべき課題の整理

ケース会で分かってきたことを踏まえ、Bさんの課題を次の三つと考えました。

① 自分の身体に意識を向け、その状態や特徴を知ること

② 物事を自分なりに整理し、要点を捉えること

③ 自分の考えや具体的な目標を明確にもって活動すること

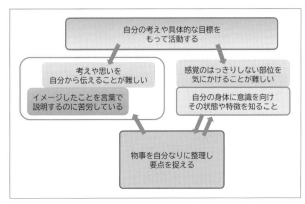

図2　課題関連図

この三つを課題として捉え、関係を図2のように考えました。そして、この三つの中でも基礎となる課題と考えたのが、「①自分の身体に意識を向け、その状態や特徴を知ること」です。身体は最も身近な教材であるとともに、どの活動においても欠かすことができません。その自分の身体に注目してみること、その状態や特徴について視点をもって捉え整理していくこと（②）、そして身体のことに関しても具体的な目標をもって取り組むこと（③）は、他の学習や生活において②③の課題に取り組んでいくことの土台となる力となるのではないかと考えました。

❸ 個別の指導計画 ·······································

（1）指導方針

どの授業でも共通して行う手立て・配慮として、次のようなことを教師間で共通理解しました。大きくは「具体的な体験・経験を通して身体の状態に気がつけるようにすること」と「考える視点を明確に示すこと」、そして「振り返る機会を設けること」の三つです。一つめについては後述します。二つめ、三つめについては、Bさんは大切なところがどこなのか、自分で気づいたり整理して捉えたりすることが難しいため、教師が注目すべき箇所を明確にして提示するようにしました。また、そうして学習した内容を理解できているのかどうか、Bさん自身でも気づくこと（自己評価）ができるようにするために、各授業の終わりや単元のまとめにBさん自身の言葉でまとめる機会を設けるようにしました。

（2）指導計画

① 指導目標

指導目標は、次の三つとしました。

1）自己の身体の状態に意識を向けられるようにする

2）情報の要点を捉えられるようにする

3）具体的な考えや目標をもって活動できるようにする

② 　指導内容・方法

ア）自立活動の時間の指導

　Ｂさんは、自分の身体の状態への気づきが少なくよく捉えられないことで、自信や積極性につながりづらいのではないかと考えました。まず、年間を通して、Ｂさんの自分の身体への気づきや、その変化等について、教師と一緒に付箋を使って整理していくことにしました（図3）。その自己分析シートをもとに、Ｂさん自身で自立活動の時間の目標を立て、計画→実践→自己評価→工夫・改善するサイクルを繰り返していけるようにしました。そ

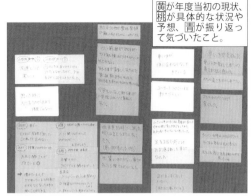

黄が年度当初の現状、桃が具体的な状況や予想、青が振り返って気づいたこと。

図3　自己分析シート

して、学期ごとにＢさん自身が取り組みについてまとめ、仲間の前で発表する機会を設けました。

　具体的に取り組んだ内容は、大きく二つです。まず、身体の状態へ気づく力を高めていくために、意図的に自分の身体へ注意を向ける機会が必要と考えました。そこで、毎回授業の始めと終わりにあぐらの姿勢をとり、その姿勢を基準に、自分の身体の状態や、その変化に意識を向け、気づいたことを言葉にするようにしました。また、Ｂさん自身も「もっと長く歩けるようになりたい」と言っていた歩行を50分授業のまとめに位置付け、教師と行った様々な動きの練習を、目標をもって行えるようにしました。

　また、様々な活動を積極的に行っていくためには、安心して“挑戦”し“失敗”できる環境や、その経験を次の機会に活かし“成功体験”が得られるよう工夫する必要があると考えました。そこでまずは、健康を保持するためにも重要である、手洗いのタイミングの自己管理を通してそれらの経験ができるように考えました。

イ）その他の学校生活における自立活動の指導（テーマ学習）

　次に、自立活動の時間の指導（以下、時間の指導）で学んだ内容と、学校生活のその他の場面とをどのようにつなげていくかということについてです。中学部では、意図的に生徒たちに“テーマ”を与え、時間の指導で学んだことと学校生活のその他の場面とがつながりやすくなるような工夫をしています。

　Ｂさんは、前述したように時間の指導で手洗いのタイミングについて扱いました。Ｂさんの場合は、4時間に1回という目安があったので、まず時間の指導で、通常の学校生活ではどの休み時間に行くとよいかという計画を立て、それを実践してみるところから始めました。それができるようになったら、運動会や文化祭など休み時間が決まっていなかったり通常とは異なっていたりするときはどうするか。続いて、校外学習や宿泊学習など1

日あるいは数日いつもと違う環境と日程の中で過ごすことになるときどうするか。といった具合に、ステップアップさせながら、自分で手洗いのタイミングや準備の計画を立て、見通しをもって活動に参加できるようにしていきました。

　また、個別の指導計画の内容については、保護者や各教科担当者と共通理解しやすいように、図式化して情報共有を行いました（図4）。

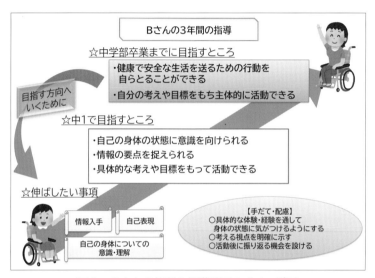

図4　Bさんの個別の指導計画のイメージ図

❹ 指導の経過 ··

（1）自立活動の時間の指導

①　あぐらの姿勢で自分の身体の状態に注目する

　授業の始めと終わりにあぐらの姿勢をとり、その日の身体の状態を確認しました。初回の授業「私、自分があぐらの姿勢とれるのか分からないです」と言うBさん。実際にとってみるとすぐにでき、まず"自分はあぐらの姿勢をとれる"ということを知りました。それから、あぐらの姿勢で注目する視点、「左右の違い」をチェックしていきました。最初は、鏡や写真を見ながら、教師の問いかけで左右の肩や膝の高さの違いに気づいていたBさんでしたが、回を経るごとに、座った感じだけで左右の高さの違う感じ、同じ感じに気がつけるようになり、「身体をあまり動かしていなかったから、いつもより左脚が上がっているのかもしれない」などという発言も聞かれるようになりました。

②　教師と一緒に身体を動かし、その特徴や動かし方を知る

　教師がBさんの身体の各部位に触れていくと、感覚が"あるところ"と"全くないところ"、その間に"なんとなくある（分かる）ところ"があることに気づき、驚いていました。

また、片脚ずつ脚の曲げ伸ばしをして、股関節、膝、足首の動きを確かめることで、左右の脚の長さや関節の可動域の違いにも気づくことができました。座った状態で、お尻にかかる重心移動の練習をすると、股関節や腰回りが動かしやすくなり、①のあぐらの姿勢の膝の高さが変わることにも気づいていました。

③　足裏で踏みしめる感じを、お腹で感じる

　足裏で踏みしめる感じを、仰向けに寝た状態、いすに座った状態で、太ももの付け根やお腹周りで感じる練習をしました。繰り返し感覚を味わうことで、感覚の"なんとなくある（分かる）ところ"にも注意を向けられるようになっていきました。

④　②③を意識しながら歩行をする

　学習した身体の動かし方や、足裏で踏みしめる感じを意識しながら、歩行を行いました。最初は教師がしっかり支えていないとバランスを崩していたBさんでしたが、1年の終わりには、見守りは必要なものの、支えなしで20mほど歩くことができるようになり、自分でも「足を踏む感じを意識しながら歩けるようになった」「一人で歩ける距離がのびた」と振り返っていました。

（2）その他の学校生活における自立活動の指導（テーマ学習）

　Bさんは、導尿のタイミングを逃しても自然に排尿される体質であったので（そうではない二分脊椎の方もいらっしゃるので注意！）、ある程度は実際に困る経験をすることも大切と考え関わりました。例えば、校外学習前に手洗いの計画を立てていたにもかかわらず、道具の準備は保護者任せになっていたので道具が足りなくなったり、出先の手洗いで導尿ができる場所を確認していなかったので、急遽施設にあるベンチを借りることになったり（もちろんBさんには内緒で事前にお願いしてありましたが）と、いろいろな経験をしました。そのたびに、"計画に合わせ自分で道具の準備をする"ことや、"出先の手洗いに導尿できる場所があるか調べ、自分でも敷物を持っていく"ことが大切であるなどの気づきを得て、次の機会に活かすことを繰り返していきました。

❺ 指導の結果と考察 ⋯⋯⋯⋯⋯⋯⋯⋯⋯⋯⋯⋯⋯⋯⋯⋯⋯⋯⋯⋯⋯⋯⋯⋯⋯⋯

（1）指導の結果

① 目標「自己の身体の状態に意識を向けられるようにする」について

　その日の身体の状態に自分で気づけるようになったり、感覚が分かりづらい部分にも意識を向けられるようになったりと、自己の身体への意識が高まってきました。そのことによって、装具の着脱や、車いすの乗り降りなども以前より丁寧に行う様子が見られるようになりました。

② 目標「情報の要点を捉えられるようにする」について

　身体のことを、視点をもって捉える学習を通して、自分でできることとできないこと、

分かることと分からないことが明確になりました。この経験、そして各教科等における手立て・配慮もあり、授業で学習したことを、少しずつ自分の言葉でまとめて捉えられるようになっていきました。時間の指導のまとめでは、「一人で歩ける距離がのびた」「足を踏む感じを意識しながら歩けるようになった」と以前の自分と比較して変化に気づき、取り組んだ成果を分かりやすく発表することもできました。

③　目標「具体的な考えや目標をもって活動できるようにする」について

　「クラッチで歩ける距離をのばしたい」「自分で行事などの事前にスケジュールを立てる習慣をつけ、できるだけスケジュール通りに過ごしたい」（本人が立てた目標の一部）というような具体的な考えや目標をもって取り組み、うまくいく体験、うまくいかない体験の両方を経験しながら、次はどうするか考え、工夫してみる様子が見られるようになりました。1学期の半ば頃、「小学生のときは朝自分から起きてなんてこなかったのに、今は自分から起きてきて"私、朝学校で勉強したいから早くいこう！"と言うようになって驚いている」と保護者が教えてくれました。見通しをもって活動できるようになったことを保護者も喜んでいました。また、選挙管理委員や、学級委員に自分からチャレンジするなど、積極的に自分の思いを言動に表す様子も見られるようになりました。

（2）まとめ

　自分の気持ちを他者に伝えたり自分から行動に移したりすることが難しいBさんに、時間の指導で、身体の各部位に意識を向けること、視点をもって注目すること、目標をもち、そこに向けて計画→実践→自己評価→工夫・改善していくことに取り組みました。

　Bさんは、身体をベースに上記のような経験をしたことによって、適切で具体的な視点から自己評価ができるようになり、その結果、自己理解が深まり自信がついていったと考えられます。また、自己理解が深まり自信をつけたことにより、自分の気持ちを他者に伝えたり、自分から行動を起こしたりして、新しいことにチャレンジすることにもつながっていったのだと思います。

　この事例は、私が赴任して3年目、初めて担任をもった生徒のうちの一人でした。Bさんは中学部からの入学だったため情報は限られており、当初は、"Bさんのことをどのように把握し、1年後、中学部卒業後、その先…の姿をイメージしていったらよいのか""時間の指導の担当になったけれどどのように指導をしていこうか、今自分がやろうとしていることは合っているのか"と、不安がありました。最初に作成した「関連図」や「個別の指導計画」は、指導に困ったり迷ったりしたときふと立ち返ることのできる場所（指導の根拠）にもなりました。そして、何度も見返したり情報を追加修正したりすることで、Bさんの成長や変化に気づくことができました。私自身も、Bさんと一緒に様々な"実体験"や"試行錯誤"をすることを通して、以前よりも少し自信をもって指導できるようになってきたように思います。

巻末資料

1 特別支援学校小学部・中学部学習指導要領
　（平成 29 年 4 月告示）自立活動関連抜粋

2 小学校学習指導要領（平成 29 年 3 月告示）
　自立活動関連抜粋

3 自立活動の内容の変遷

1 特別支援学校小学部・中学部学習指導要領（平成29年4月告示）自立活動関連抜粋

【第1章 総則】

第2節 小学部及び中学部における教育の基本と教育課程の役割／2

⑷ 学校における自立活動の指導は，障害による学習上又は生活上の困難を改善・克服し，自立し社会参加する資質を養うため，自立活動の時間はもとより，学校の教育活動全体を通じて適切に行うものとする。特に，自立活動の時間における指導は，各教科，道徳科，外国語活動，総合的な学習の時間及び特別活動と密接な関連を保ち，個々の児童又は生徒の障害の状態や特性及び心身の発達の段階等を的確に把握して，適切な指導計画の下に行うよう配慮すること。

第3節 教育課程の編成／3 教育課程の編成における共通的事項／⑵ 授業時数等の取扱い

オ 小学部又は中学部の各学年の自立活動の時間に充てる授業時数は，児童又は生徒の障害の状態や特性及び心身の発達の段階等に応じて，適切に定めるものとする。

【第7章 自立活動】

第1 目標

個々の児童又は生徒が自立を目指し，障害による学習上又は生活上の困難を主体的に改善・克服するために必要な知識，技能，態度及び習慣を養い，もって心身の調和的発達の基盤を培う。

第2 内容

1 健康の保持
  ⑴ 生活のリズムや生活習慣の形成に関すること。
  ⑵ 病気の状態の理解と生活管理に関すること。
  ⑶ 身体各部の状態の理解と養護に関すること。
  ⑷ 障害の特性の理解と生活環境の調整に関すること。
  ⑸ 健康状態の維持・改善に関すること。
2 心理的な安定
  ⑴ 情緒の安定に関すること。
  ⑵ 状況の理解と変化への対応に関すること。
  ⑶ 障害による学習上又は生活上の困難を改善・克服する意欲に関すること。
3 人間関係の形成
  ⑴ 他者とのかかわりの基礎に関すること。
  ⑵ 他者の意図や感情の理解に関すること。
  ⑶ 自己の理解と行動の調整に関すること。
  ⑷ 集団への参加の基礎に関すること。
4 環境の把握
  ⑴ 保有する感覚の活用に関すること。

(2)　感覚や認知の特性についての理解と対応に関すること。

(3)　感覚の補助及び代行手段の活用に関すること。

(4)　感覚を総合的に活用した周囲の状況についての把握と状況に応じた行動に関すること。

(5)　認知や行動の手掛かりとなる概念の形成に関すること。

5　身体の動き

(1)　姿勢と運動・動作の基本的技能に関すること。

(2)　姿勢保持と運動・動作の補助的手段の活用に関すること。

(3)　日常生活に必要な基本動作に関すること。

(4)　身体の移動能力に関すること。

(5)　作業に必要な動作と円滑な遂行に関すること。

6　コミュニケーション

(1)　コミュニケーションの基礎的能力に関すること。

(2)　言語の受容と表出に関すること。

(3)　言語の形成と活用に関すること。

(4)　コミュニケーション手段の選択と活用に関すること。

(5)　状況に応じたコミュニケーションに関すること。

第3　個別の指導計画の作成と内容の取扱い

1　自立活動の指導に当たっては，個々の児童又は生徒の障害の状態や特性及び心身の発達の段階等の的確な把握に基づき，指導すべき課題を明確にすることによって，指導目標及び指導内容を設定し，個別の指導計画を作成するものとする。その際，第 2 に示す内容の中からそれぞれに必要とする項目を選定し，それらを相互に関連付け，具体的に指導内容を設定するものとする。

2　個別の指導計画の作成に当たっては，次の事項に配慮するものとする。

(1)　個々の児童又は生徒について，障害の状態，発達や経験の程度，興味・関心，生活や学習環境などの実態を的確に把握すること。

(2)　児童又は生徒の実態把握に基づいて得られた指導すべき課題相互の関連を検討すること。その際，これまでの学習状況や将来の可能性を見通しながら，長期的及び短期的な観点から指導目標を設定し，それらを達成するために必要な指導内容を段階的に取り上げること。

(3)　具体的な指導内容を設定する際には，以下の点を考慮すること。

ア　児童又は生徒が，興味をもって主体的に取り組み，成就感を味わうとともに自己を肯定的に捉えることができるような指導内容を取り上げること。

イ　児童又は生徒が，障害による学習上又は生活上の困難を改善・克服しようとする意欲を高めることができるような指導内容を重点的に取り上げること。

ウ　個々の児童又は生徒が，発達の遅れている側面を補うために，発達の進んでいる側面を更に伸ばすような指導内容を取り上げること。

エ　個々の児童又は生徒が，活動しやすいように自ら環境を整えたり，必要に応じて周囲の人に支援を求めたりすることができるような指導内容を計画的に取り上げること。

オ　個々の児童又は生徒に対し，自己選択・自己決定する機会を設けることによって，思考・判断・表現する力を高めることができるような指導内容を取り上げること。

カ　個々の児童又は生徒が，自立活動における学習の意味を将来の自立や社会参加に必要な資質・

能力との関係において理解し，取り組めるような指導内容を取り上げること。

(4)　児童又は生徒の学習状況や結果を適切に評価し，個別の指導計画や具体的な指導の改善に生かすよう努めること。

(5)　各教科，道徳科，外国語活動，総合的な学習の時間及び特別活動の指導と密接な関連を保つようにし，計画的，組織的に指導が行われるようにするものとする。

3　個々の児童又は生徒の実態に応じた具体的な指導方法を創意工夫し，意欲的な活動を促すようにするものとする。

4　重複障害者のうち自立活動を主として指導を行うものについては，全人的な発達を促すために必要な基本的な指導内容を，個々の児童又は生徒の実態に応じて設定し，系統的な指導が展開できるようにするものとする。その際，個々の児童又は生徒の人間として調和のとれた育成を目指すように努めるものとする。

5　自立活動の指導は，専門的な知識や技能を有する教師を中心として，全教師の協力の下に効果的に行われるようにするものとする。

6　児童又は生徒の障害の状態等により，必要に応じて，専門の医師及びその他の専門家の指導・助言を求めるなどして，適切な指導ができるようにするものとする。

7　自立活動の指導の成果が進学先等でも生かされるように，個別の教育支援計画等を活用して関係機関等との連携を図るものとする。

2　小学校学習指導要領（平成 29 年 3 月告示）自立活動関連抜粋

【第 1 章　総則】

第 4　児童の発達支援　2　特別な配慮を必要とする児童への指導

⑴　障害のある児童などへの指導

ア　障害のある児童などについては，特別支援学校等の助言又は援助を活用しつつ，個々の児童の障害の状態等に応じた指導内容や指導方法の工夫を組織的かつ計画的に行うものとする。

イ　特別支援学級において実施する特別の教育課程については，次のとおり編成するものとする。

㋐　障害による学習上又は生活上の困難を克服し自立を図るため，特別支援学校小学部・中学部学習指導要領第 7 章に示す自立活動を取り入れること。

㋑　児童の障害の程度や学級の実態等を考慮の上，各教科の目標や内容を下学年の教科の目標や内容に替えたり，各教科を，知的障害者である児童に対する教育を行う特別支援学校の各教科に替えたりするなどして，実態に応じた教育課程を編成すること。

ウ　障害のある児童に対して，通級による指導を行い，特別の教育課程を編成する場合には，特別支援学校小学部・中学部学習指導要領第 7 章に示す自立活動の内容を参考とし，具体的な目標や内容を定め，指導を行うものとする。その際，効果的な指導が行われるよう，各教科等と通級による指導との関連を図るなど，教師間の連携に努めるものとする。

エ　障害のある児童などについては，家庭，地域及び医療や福祉，保健，労働等の業務を行う関係機関との連携を図り，長期的な視点で児童への教育的支援を行うために，個別の教育支援計画を作成し活用することに努めるとともに，各教科等の指導に当たって，個々の児童の実態を的確に把握し，個別の指導計画を作成し活用することに努めるものとする。特に，特別支援学級に在籍する児童や通級による指導を受ける児童については，個々の児童の実態を的確に把握し，個別の教育支援計画や個別の指導計画を作成し，効果的に活用するものとする。

3　自立活動の内容の変遷

昭和 45 年度	平成元年度	平成 10 年度
心身の適応 1　健康状態の回復および改善 2　心身の障害や環境に基づく心理的不適応の改善 3　障害を克服する意欲の向上	**身体の健康** 1　生活のリズムや生活習慣の形成 2　疾病の状態の理解と生活管理 3　損傷の理解と養護	**健康の保持** 1　生活のリズムや生活習慣の形成 2　病気の状態の理解と生活管理 3　損傷の状態の理解と養護 4　健康状態の維持・改善
	心理的適応 1　対人関係の形成 2　心身の障害や環境に基づく心理的不適応の改善 3　障害を克服する意欲の向上	**心理的な安定** 1　情緒の安定 2　対人関係の形成の基礎 3　状況の変化への適切な対応 4　障害に基づく種々の困難を改善・克服する意欲の向上
感覚機能の向上 1　感覚機能の改善および向上 2　感覚の補助的手段の活用 3　認知能力の向上	**環境の認知** 1　感覚の活用 2　感覚の補助及び代行手段の活用 3　認知の枠組となる概念の形成	**環境の把握** 1　保有する感覚の活用 2　感覚の補助及び代行手段の活用 3　感覚を総合的に活用した周囲の状況の把握 4　認知や行動の手掛かりとなる概念の形成
運動機能の向上 1　肢体の基本動作の習得および改善 2　生活の基本動作の習得および改善 3　作業の基本動作の習得および改善	**運動・動作** 1　姿勢と運動・動作の基本の習得及び改善 2　姿勢保持と運動・動作の補助的手段の活用 3　日常生活の基本動作の習得及び改善 4　移動能力の向上 5　作業の巧緻性及び遂行能力の向上	**身体の動き** 1　姿勢と運動・動作の基本的技能 2　姿勢保持と運動・動作の補助的手段の活用 3　日常生活に必要な基本動作 4　身体の移動能力 5　作業の円滑な遂行
意思の伝達 1　言語の受容技能の習得および改善 2　言語の形成能力の向上 3　言語の表出技能の習得および改善	**意思の伝達** 1　意思の相互伝達の基礎的能力の習得 2　言語の受容・表出能力の向上 3　言語の形成能力の向上 4　意思の相互伝達の補助的手段の活用	**コミュニケーション** 1　コミュニケーションの基礎的能力 2　言語の受容と表出 3　言語の形成と活用 4　コミュニケーション手段の選択と活用 5　状況に応じたコミュニケーション

※この表は、学習指導要領に示された養護・訓練及び自立活動の内容を一覧にしたもの。元の文には、例えば「健康状態の回復

（年度は告示年度）

平成 20 年度	平成 29 年度
健康の保持 1　生活のリズムや生活習慣の形成 2　病気の状態の理解と生活管理 3　身体各部の状態の理解と養護 4　健康状態の維持・改善	**健康の保持** 1　生活のリズムや生活習慣の形成 2　病気の状態の理解と生活管理 3　身体各部の状態の理解と養護 4　障害の特性の理解と生活環境の調整 5　健康状態の維持・改善
心理的な安定 1　情緒の安定 2　状況の理解と変化への対応 3　障害による学習上又は生活上の困難を改善・克服する意欲の向上	**心理的な安定** 1　情緒の安定 2　状況の理解と変化への対応 3　障害による学習上又は生活上の困難を改善・克服する意欲の向上
人間関係の形成 1　他者とのかかわりの基礎 2　他者の意図や感情の理解 3　自己理解と行動の調整 4　集団への参加の基礎	**人間関係の形成** 1　他者とのかかわりの基礎 2　他者の意図や感情の理解 3　自己の理解と行動の調整 4　集団への参加の基礎
環境の把握 1　保有する感覚の活用 2　感覚や認知の特性への対応 3　感覚の補助及び代行手段の活用 4　感覚を総合的に活用した周囲の状況の把握 5　認知や行動の手掛かりとなる概念の形成	**環境の把握** 1　保有する感覚の活用 2　感覚や認知の特性についての理解と対応 3　感覚の補助及び代行手段の活用 4　感覚を総合的に活用した周囲の状況についての把握と状況に応じた行動 5　認知や行動の手掛かりとなる概念の形成
身体の動き 1　姿勢と運動・動作の基本的技能 2　姿勢保持と運動・動作の補助的手段の活用 3　日常生活に必要な基本動作 4　身体の移動能力 5　作業に必要な動作と円滑な遂行	**身体の動き** 1　姿勢と運動・動作の基本的技能 2　姿勢保持と運動・動作の補助的手段の活用 3　日常生活に必要な基本動作 4　身体の移動能力 5　作業に必要な動作と円滑な遂行
コミュニケーション 1　コミュニケーションの基礎的能力 2　言語の受容と表出 3　言語の形成と活用 4　コミュニケーション手段の選択と活用 5　状況に応じたコミュニケーション	**コミュニケーション** 1　コミュニケーションの基礎的能力 2　言語の受容と表出 3　言語の形成と活用 4　コミュニケーション手段の選択と活用 5　状況に応じたコミュニケーション

および改善に関すること。」と示されているが「…に関すること。」は略した。

よく分かる！『自立活動ハンドブック』第1巻〜第3巻 実践事例タイトル一覧

　本シリーズ第1巻〜第3巻「第3章実践事例編」に掲載される46事例のタイトル一覧です。

　各事例を教育課程（「自立活動を主とする教育課程」「知的障害・知的障害代替の教育課程」「準ずる教育課程」）で分類するとともに、自立活動6区分との関連が一目で分かるようにしました。

　読みたい事例を探すときの参考にしてください。

●自立活動を主とする教育課程

巻数	タイトル	自立活動の6区分					
		健康の保持	心理的な安定	人間関係の形成	環境の把握	身体の動き	コミュニケーション
1	痰を自力で出せない・唾液でむせる、呼吸する力が弱い事例	●	●				●
	摂食・表現・姿勢・手の動きに困難さのある事例【前編】	●				●	●
	自分の思いどおりに体を動かすことが難しい事例				●	●	
	「見る」ことに困難さがあり音に対する過敏さを伴う事例				●	●	
	身体の動きに制約があり、気持ちを表現することが困難な事例			●	●	●	●
2	人や物との関係性の理解に困難が見られる事例				●	●	
	他害や自傷行為により、学習に取り組むことが難しい事例		●		●		●
	摂食・表現・姿勢・手の動きに困難さのある事例【後編】			●	●		●
	注意の持続が困難で、周囲の物や人からの働きかけに気づきにくい事例				●		
	日常的に身体を激しく揺らす行動が多く見られる事例		●		●	●	
3	人間関係の形成に難しさがある事例	●	●				
	言語でのコミュニケーションが難しい事例				●		●
	自分の身体を支えたり、身体の動きを調節したりすることが難しい事例		●			●	●
	注意を向け、持続することが困難な事例			●	●	●	
	思っていたことと違うことが起こるとパニックになる児童の事例		●	●	●	●	

●知的障害・知的障害代替の教育課程

巻数	タイトル	自立活動の6区分					
		健康の保持	心理的な安定	人間関係の形成	環境の把握	身体の動き	コミュニケーション
1	決まった時刻に水分補給や導尿をすることが難しい事例	●	●	●			●
	活動への参加や人前での発表が難しく、他者に対する不適切な言動が多い事例		●	●			
	気持ちや意思を言葉で伝えることが難しい事例		●	●	●		●
	物を見て操作することが困難な事例				●	●	
	手を使って操作することが難しい事例		●			●	
2	人工呼吸器を使用し、身体の動き等の制約が大きい事例				●	●	●
	不快や不安が、自傷・他傷行為として表れやすい事例		●		●	●	
	会話の中で自分の気持ちを言葉にして、相手に伝えることが難しい事例		●	●			●
	行動の抑制が苦手で集団参加が難しい事例		●	●			●
	心を落ち着けて、安心して日々の生活を送ることが難しい事例		●	●	●		●
3	嫌なことややりたくないことを表現することが難しい事例		●	●	●		●
	身体を動かされることに不安を感じ、力が入ってしまう事例			●	●	●	●
	様々な状況を受け止めたり、他者の考えに合わせたりすることが難しい事例		●	●	●		
	見ることが苦手で活動に自信をもって参加することが難しい事例		●		●		
	指さし以外の伝達手段がない事例			●	●	●	●

●準ずる教育課程

巻数	タイトル	自立活動の6区分					
		健康の保持	心理的な安定	人間関係の形成	環境の把握	身体の動き	コミュニケーション
1	座位の保持が難しく、自分に自信がもてない事例		●			●	
	落ち着いて学習に取り組むことが難しい事例				●	●	
	身体の緊張が強く、学習動作や生活動作を行うことが難しい事例				●	●	
	筋緊張の強さから身体の動きに困難さが見られる事例				●	●	
	円滑なコミュニケーションが困難な事例			●			●
2	体の痛みや疲れが学校生活に支障をきたす事例	●				●	
	体調不良のため、登校することが難しい生徒の事例	●	●	●			
	漢字の読み書きと文章作成に難しさがある高校生の事例	●			●		●
	他者とのコミュニケーションに難しさのある事例			●			●
	自分の気持ちを伝えたり行動に移したりすることが難しい事例	●	●			●	
3	心身の調子を整えることを習慣化することが難しい事例	●	●			●	
	自分で考えて行動することが苦手な高等部生徒の事例	●			●	●	
	状況理解と柔軟な対処行動が困難な事例	●	●		●		
	姿勢を意識して学習することが難しい事例				●	●	
	生活リズムが不規則で遅刻や欠席の多い事例	●	●				
	起立性調節障害があり、コミュニケーションの苦手さから不安を訴える事例	●	●				●

監　修 ─────────────────────────────────

下山　直人　　筑波大学人間系教授・筑波大学附属桐が丘特別支援学校校長

編　集 ─────────────────────────────────

筑波大学附属桐が丘特別支援学校・自立活動研究会

執　筆 ─────────────────────────────────

刊行に当たって

下山　直人　　前掲

第1章　理論編

下山　直人　　前掲

田丸　秋穂　　筑波大学附属桐が丘特別支援学校

第2章　学校事例編

佐々木高一　　筑波大学附属桐が丘特別支援学校

野口　明紀　　鳥取県立皆生養護学校

第3章　実践事例編

杉林　寛仁　　筑波大学附属桐が丘特別支援学校

白井　　圭　　愛知県刈谷市立刈谷特別支援学校

藤本　圭司　　広島県立西条特別支援学校

藤井　絵理　　広島県立福山特別支援学校

野崎　美咲　　筑波大学附属桐が丘特別支援学校

中村　靖史　　奈良県立奈良養護学校

森田　　唯　　高知県立日高特別支援学校（前 高知県立高知若草特別支援学校）

能登谷可子　　千葉県立千葉特別支援学校

千葉　新一　　青森県立青森第二養護学校

槇野　英惠　　鳥取県立琴の浦高等特別支援学校（前 鳥取県立米子養護学校）

高橋佳菜子　　筑波大学附属桐が丘特別支援学校

加藤　　守　　千葉県立四街道特別支援学校

南　　克伸　　兵庫県立但馬農業高等学校

狩野　隆夫　　島根県立江津清和養護学校

岡崎　志乃　　筑波大学附属桐が丘特別支援学校

（掲載順、所属等は原稿執筆時）

監修者プロフィール

下山　直人（しもやま　なおと）

<現　職>
　筑波大学人間系教授
　筑波大学附属桐が丘特別支援学校校長

<経　歴>
　青森県立の特別支援学校（知的障害、肢体不自由）教諭、国立久
里浜養護学校（重度重複障害）教諭、青森県教育庁勤務を経て、
平成17年から8年間、文部科学省において特別支援教育調査官
を務める。この間、学習指導要領の改訂や医療的ケアの制度化等
にかかわる。平成25年から、筑波大学人間系教授となり附属久
里浜特別支援学校（知的障害・自閉症）校長を兼務。令和元年よ
り現職。

<主な著書>
・監修『よく分かる！自立活動ハンドブック1〜指導すべき課題を導く』ジアース教育新社、令
　和3年10月。
・監修『知的障害特別支援学校の自立活動の指導』（全国特別支援学校知的障害教育校長会編著）
　ジアース教育新社、平成30年11月。
・監修『障害の重い子どもの指導Q＆A〜自立活動を主とする教育課程〜』（全国特別支援学校
　肢体不自由教育校長会編著）ジアース教育新社、平成23年11月。
・共著『新訂　肢体不自由児の教育』放送大学教育振興会、令和2年3月。
・編著『インクルーシブ教育システムにおける特別支援学校の未来〜子供・保護者・地域〜』全
　国心身障害児福祉財団、平成25年3月。

よく分かる！
自立活動ハンドブック２
指導を計画する

2021 年 12 月 28 日　初版第 1 刷発行
2022 年 4 月 9 日　初版第 2 刷発行

■監　修　　下山　直人
■編　著　　筑波大学附属桐が丘特別支援学校・自立活動研究会
■発行者　　加藤　勝博
■発行所　　株式会社 ジアース教育新社
　　　　　　〒 101-0054　東京都千代田区神田錦町 1-23　宗保第 2 ビル
　　　　　　TEL：03-5282-7183　FAX：03-5282-7892
　　　　　　E-mail：info@kyoikushinsha.co.jp
　　　　　　URL：https://www.kyoikushinsha.co.jp/

■カバー・本文デザイン　小笠原　准子（アトム☆スタジオ）
■イラスト　土屋図形 株式会社
■印刷・製本　株式会社 日本制作センター
○定価はカバーに表示してあります。
○乱丁・落丁はお取り替えいたします。（禁無断転載）
Printed in Japan
ISBN978-4-86371-605-6